TEXTES LITTERAIRES

Collection dirigée par Keith Cameron

L I

COSROES

COSROES.

TRAGEDIE.

DE

MONSIEVR DE ROTROV.

A PARIS,

Chez ANTHOINE DE SOMMAVILLE,
Au Pallais, en la petite Salle des Merciers,
à l'Escu de France.

M. DC. XXXXIX.
Auec Priuilege du Roy.

Jean ROTROU

C O S R O E S

Edition critique

par

Derek A. Watts

University of Exeter

1983

ISSN 0309 - 6998
ISBN 0 85989 154 2

October 1983

Printed and Bound by Short Run Press Ltd., Exeter, Devon

INTRODUCTION

A la différence de la plupart des oeuvres qui ont paru dans
cette série de *Textes littéraires*, *Cosroès* n'est pas une
pièce d'une grande rareté, dont la connaissance ait été
réservée jusqu'ici à quelques spécialistes. M. Jacques
Scherer en a publié en 1950 une excellente édition critique
pour la Société des Textes Français Modernes, et en 1975 il
a donné une version remaniée de ce texte dans le premier
volume de son *Théâtre du XVIIe Siècle*, qui fait partie de la
prestigieuse Bibliothèque de la Pléiade. Tous les
spécialistes qui se sont occupés de Rotrou depuis 1950, y
compris le présent éditeur, en sont très redevables à M.
Scherer. Mais l'édition de 1950 est épuisée depuis
plusieurs années, et aucune réimpression n'en a été
annoncée, tandis que la version plus récente est d'un prix
inabordable pour la plupart des étudiants. C'est donc pour
faciliter l'étude de cette remarquable tragédie que nous
avons entrepris cette nouvelle édition de *Cosroès*. Elle
offre non seulement un texte soigneusement revu, mais aussi
un commentaire détaillé de la pièce, que l'on trouvera à la
fois dans l'Introduction et dans les notes, et où nous
espérons avoir proposé quelques interprétations utiles et
quelques points de vue nouveaux.

*

* *

Les trois dernières tragédies de Rotrou - *Le Véritable
saint Genest*, *Venceslas* et *Cosroès*, composées entre 1645 et
1648 - constituent à la fois le sommet de son théâtre et son
véritable titre à la troisième place, qu'on a l'habitude de
lui décerner, parmi les praticiens français du genre
tragique au XVIIe siècle. On peut également revendiquer
pour lui le rôle d'initiateur du grand renouveau de la
tragédie au seuil de l'âge classique, en raison des
représentations d'*Hercule mourant* (1) données dès février

---

1 Voir notre édition critique, 'Textes littéraires', Exeter, 1971.

1634 à l'Hôtel de Bourgogne. Mais s'il continua dans cette voie, ce fut d'abord sans grand enthousiasme, et en fin de compte la tragédie ne devait pas former le pivot essentiel de son oeuvre. Son *Hercule* ne semble pas avoir remporté le succès qu'il fallait pour encourager un auteur qui en 1634 n'était nullement un 'intellectuel du théâtre' - à la différence de Mairet et de Corneille, Rotrou ne laissa aucune oeuvre théorique - mais un auteur à gages, successeur depuis plusieurs années d'Alexandre Hardy à l'Hôtel de Bourgogne. Ce que lui demandait son public, ce n'était pas la rigueur et l'austérité tragiques, mais plutôt "le grand nombre des accidents et aventures extraordinaires" (2). C'était là le propre de la tragi-comédie, et c'est donc ce genre dramatique qui est devenu la véritable spécialité de Rotrou. Sur ses trente-cinq pièces existantes, quinze sont désignées comme tragi-comédies ou l'ont été pendant bien des années, comme ce fut le cas de *Venceslas*. Ce sont pour la plupart des oeuvres sérieuses, émouvantes, et qui parfois ne conservent de la comédie que le dénouement heureux. D'ailleurs, quel que fût le genre qu'il assignait à chacune de ses pièces, Rotrou tendait à y employer les mêmes thèmes - fourberies, déguisements, enlèvements, substitutions d'enfants, accès de folie, rêves feints ou véritables, 'théâtre dans le théâtre' - thèmes caractéristiques surtout de la tragi-comédie, et dont chacun sert à mettre en question notre notion quotidienne de la réalité, ou de l'identité personnelle; mais le dénouement a presque toujours pour fonction de nous rassurer à cet égard. Les tragi-comédies de Rotrou comportent donc bien des épisodes pathétiques, voire tragiques; mais du point de vue de l'esthétique de la tragédie, ces oeuvres manquent souvent de cohérence ou de concentration, soit dans l'intrigue, soit dans la psychologie. D'ailleurs, l'habitude que Rotrou avait prise d'exploiter une grande diversité de sources romanesques et théâtrales, lui posait aussi des problèmes sur le plan de la cohérence, et ce n'est que dans ses dernières oeuvres, et dans *Cosroès* surtout, qu'il s'efforça avec quelque succès d'y imposer une unité convaincante de ton et de structure.

Cependant, on ne saurait nier qu'entre 1634 et 1648 Rotrou ait fait de réels progrès sur le chemin ardu de la forme et de la 'vision' tragiques. Pour s'en rendre compte, il suffit d'examiner par ordre chronologique les huit pièces que lui-même a désignées comme tragédies, ou qui ont à divers titres à cette classification: *Hercule mourant, Crisante, Antigone, Iphigénie, Bélisaire, Le Véritable saint Genest,*

---

2 Rayssiguier, Préface de *L'Aminte du Tasse, tragi-comédie*, 1631; cité par E. Rigal, *Le Théâtre français avant la période classique*, Paris, 1901, pp. 259-260.

Venceslas et *Cosroès* (3). Dans *Antigone*, représentée pour
la première fois en 1637, Rotrou parvient à se dégager du
carcan de l'influence sénéquienne, de l'emphase et de la
frénésie verbales, qui dominent dans *Hercule* et se
manifestent encore dans *Crisante*. Son *Iphigénie*, publiée en
1641, n'est à beaucoup d'égards qu'une pâle imitation de la
tragédie d'Euripide, mais elle révèle tout de même une
réflexion originale sur la cohérence du rôle de l'héroïne et
les rapports entre le destin antique et la Providence
chrétienne. Dans *Bélisaire*, publiée trois ans plus tard,
l'influence de cette même Providence devient à la fois
capitale et profondément énigmatique. Le *Véritable saint
Genest*, qui date de 1645 ou 1646, est de toute évidence la
plus 'providentielle' des pièces de Rotrou; c'est par la
sublimité de son thème central, par l'élaboration subtile et
inspirée de la métaphore du *theatrum mundi*, que notre auteur
s'élève à la dignité tragique dans une pièce qui n'a certes
rien d'aristotélicien. *Venceslas*, représentée à la fin de
1647, se rapproche visiblement de l'idéal classique par la
concentration dramatique, par l'unité d'action et de ton, et
par la noblesse un peu abstraite du style; mais à plusieurs
reprises Rotrou n'hésite pas à sacrifier la vraisemblance à
son désir de bâtir un drame saisissant, haletant et plein
d'effets pathétiques. Ce n'est que dans *Cosroès* que Rotrou
a réussi, comme nous verrons, à construire une action
tragique cohérente et 'régulière'. Cette dernière floraison
du talent créateur de Rotrou s'accomplit sous le signe de
Corneille, dont les oeuvres exercent une influence
considérable: *Saint-Genest* a subi celle de *Polyeucte*,
Venceslas celle du *Cid*, et *Cosroès* (qui devait à son tour
influencer *Nicomède*) porte la marque du succès récent de
Rodogune et d'*Héraclius*. C'est aussi sans doute l'exemple
de Corneille qui a réconcilié progressivement Rotrou avec
les unités, y compris celle de ton, et avec d'autres
conventions 'classiques' - la vraisemblance, la bienséance,
la liaison des scènes - qu'il n'avait guère été enclin à
respecter au début de sa carrière.

Il n'en est pas moins vrai que les différences entre
les chefs-d'oeuvre de Rotrou et ceux de Corneille sont aussi
frappantes et aussi importantes que les ressemblances, et ce
contraste nous aide à saisir l'originalité de notre auteur
dans le domaine du drame tragique. Des pièces comme
Venceslas et *Cosroès*, sans parler de *Crisante* ou de
Bélisaire, impliquent une vision beaucoup plus sombre de la
condition humaine que celle qui caractérise l'auteur de
Cinna ou de *Nicomède*. L'homme y apparaît le plus souvent
comme une victime de forces irrationnelles qu'il se révèle

---

3 Voir notre article, 'Rotrou's Problematical Tragedies', in *Form and
   Meaning: Aesthetic Coherence in Seventeenth-Century Drama. Studies
   Presented to Harry Barnwell*, Avebury, 1982, pp. 75-91.

incapable de surmonter, d'endiguer ou même parfois de reconnaître. L'ambition, la vengeance, l'amour, la jalousie, les liens familiaux déterminent plus souvent le comportement des héros de Rotrou que la volonté ou la lucidité. Par conséquent, ces héros se distinguent par les contradictions violentes, par l'instabilité passionnelle, ou bien quelquefois par la passivité avec laquelle ils se soumettent au 'destin' qui semble inscrit dans leur propre nature. A cet égard, Rotrou est sûrement plus proche de Racine que de Corneille; en revanche, il se montre même plus optimiste que ce dernier, par sa foi en une mystérieuse Providence qui élève certains individus élus au-dessus de leurs passions mesquines ou de leurs ambitions terrestres, en faisant parfois de leurs vices mêmes les instruments d'une mystérieuse rédemption (4). Mais au contraire de Corneille, il s'intéresse relativement peu à l'aspect historique et politique de la tragédie. Bref, un des traits les plus notables des tragédies de Rotrou, c'est l'omniprésence des contrastes qui leur confèrent une saveur particulière mais qui menacent souvent d'en compromettre l'unité. Quant à *Cosroès*, nous allons voir que cette pièce exhibe la plupart des attributs que nous venons de décrire, mais qu'elle constitue, sur plusieurs points importants, une brillante exception à la règle.

———— * ————

Aucun témoignage positif ne nous est parvenu sur les premières représentations de *Cosroès*. Les historiens s'accordent à les placer au cours de l'année 1648, à l'Hôtel de Bourgogne; mais cette présomption repose uniquement sur le fait que la première édition est de 1649 -le Privilège est daté du 27 septembre - et que Rotrou était le fournisseur attitré de la troupe de Floridor. On a pu même conjecturer, non sans vraisemblance, que ce fut Floridor lui-même qui se chargea du rôle de Syroès, et que ceux de Syra et de Cosroès furent joués respectivement par la fougueuse Villiers et le corpulent Monfleury (5). Quant au succès que remporta *Cosroès*, il existe une assez bonne raison de supposer qu'il fut médiocre ou du moins de peu de durée: c'est qu'aucune édition nouvelle de notre tragédie ne

---

4 Voir surtout J. Morel, 'Les Criminels de Rotrou en face de leurs actes' in *Le Théâtre tragique*, éd. J. Jacquot, Paris, 1965, pp. 225-237.

5 C'est l'avis de J. Scherer, éd. S.T.F.M., pp. xxix-xxxi.

parut entre 1649 et 1705 (6). Il n'est pas impossible que Rotrou ait remanié sa pièce peu après sa création; du moins certaines singularités de la structure de *Cosroès*, ainsi que la présence de quelques variantes fort curieuses dans la contrefaçon elzévirienne de 1649, le laisseraient supposer; mais de telles conjectures demeurent très incertaines (7). On pourrait peut-être s'étonner que cette pièce ait été un four, étant donné les analogies qu'elle présente avec *Venceslas*, dont le succès fut considérable. Mais les divergences entre les deux pièces sont tout aussi importantes que les ressemblances, et elles ont pu être décisives aux yeux du public d'alors: au lieu d'un souverain digne, lucide, vertueux et respecté, *Cosroès* présente un monarque criminel, déchiré par le remords et les crises de folie; au lieu d'un prince héritier intrépide, passionné, éblouissant malgré ses fureurs et ses crimes, Rotrou proposait cette fois-ci un 'dauphin' dont la conduite pouvait sembler pusillanime, incohérente, indigne de l'occupant d'un trône. C'est le même genre d'attentat à l'image traditionnelle de la royauté qui allait, quelques années plus tard, coûter cher à Corneille, lors du fiasco de *Pertharite*. Mais il se peut également que l'échec, s'il y en eut, s'explique plutôt par le début des troubles de la Fronde en 1648-1649, ou même par la mort de l'auteur à la fin de juin 1650, que par l'hostilité ou le caprice du public.

———— * ————

Le sujet de *Cosroès* remonte à l'année 628 après J.-C.; il s'agit d'un des épisodes les plus atroces de toute l'histoire troublée du Bas-Empire romain. Le contexte général, c'est la rivalité féroce et prolongée entre deux empires: celui de Constantinople et celui de Perse, dont l'objet essentiel était la maîtrise de la route des Indes. On assiste également en Perse, en cette fin du sixième siècle et en ce début du septième, à une lutte acharnée entre les empereurs et la grande noblesse qu'ils cherchaient à dompter. L'empereur Chosroès II, dont le nom figure au titre de notre tragédie, était monté sur le trône en 590, à la suite de l'assassinat de son père Hormisdas IV, crime dont certains historiens le rendent responsable - car il n'y a guère d'événement marquant au cours de cette époque ténébreuse sur lequel les chroniqueurs demeurent entièrement d'accord. Le règne de Chosroès II fut long et brillant - il conquit la Palestine et l'Egypte - mais l'échec de ses

---

6 Le même éditeur, Sommaville, venait sans doute de faire de bonnes affaires avec le texte original de *Venceslas*, 1648, car il le réédita en 1650 et 1655: voir l'édition critique de W. Leiner, Saarbrücken, 1956, p. xliii.

7 Voir ci-dessous, p. 13

armées devant Constantinople en 620 marqua le début d'un
déclin de la puissance persane et d'un redressement de
l'Empire romain d'Orient. Ce redressement s'est opéré grâce
surtout au génie de l'empereur Héraclius, venu au pouvoir en
610; cet événement a fait le sujet d'une pièce de Pierre
Corneille, représentée peu de temps avant notre tragédie.
Après la déroute de son armée en 627, Chosroès II se
trouvait dans une situation désespérée; il refusa néanmoins
tout accommodement, et proposa plutôt d'abdiquer en faveur
de son fils préféré, Mardesane. Cette manoeuvre provoqua la
révolte de son fils aîné Kawadh, surnommé Chiroë - c'est
notre Syroès - qui avait rallié la plupart des nobles en
promettant de négocier la paix avec Constantinople.
Chosroès fut ensuite arrêté et emprisonné dans son propre
palais; ce fut alors, d'après certains historiens byzantins,
que furent exécutés sous les yeux de Chosroès tous les fils
de celui-ci sauf Chiroë, au nombre de quinze, dix-huit,
vingt-quatre ou même quarante, selon les sources; puis ce
fut le tour du vieux roi lui-même. A en croire cependant un
chroniqueur persan, Chiroë n'avait nullement un caractère
inhumain; il s'efforçait même de se justifier devant son
père détrôné, et fut poussé à la cruauté surtout par la
fureur des nobles. Son règne dura moins d'une année, sa fin
ayant été hâtée, selon certaines sources, par le remords.
Quant au modèle historique de Sira, la femme de Chosroès II
nommée en fait Schirîn, elle se tua, d'après certaines
légendes qui font d'elle une grande héroïne, sur le corps de
son mari défunt. La plupart de ces faits étaient connus par
les récits des chroniqueurs byzantins qui avaient été
résumés dans les *Annales Ecclesiastici* du cardinal Baronius,
publiés à Rome entre 1588 et 1607. C'est là que Corneille
affirme avoir trouvé le sujet de son *Héraclius* (8).

   Quant à Rotrou, il est plus difficile de savoir quel
recours il a eu à des sources proprement historiques; non
seulement parce que sa pièce parut sans *Epître* ni *Avis au
lecteur*, mais en raison de l'existence d'une autre source,
dramatique celle-là, d'une importance majeure. Il s'agit
d'un drame latin, intitulé également *Chosroès*, publié en
1630 dans les *Opera poetica* d'un Jésuite, le P. Louis
Cellot, personnage assez en vue et qui devint successivement
régent du Collège de Rouen, de celui de La Flèche, et
Provincial de l'Ordre en France. Il ne fait guère de doute
que Rotrou ait découvert cette pièce lorsqu'il étudiait dans
le même volume le texte d'une autre tragédie, intitulée
Sanctus Adrianus Martyr, dont il a tiré la 'pièce

---

8 Sur les fondements historiques et les sources de *Cosroès*, voir,
  outre l'exposé de J. Scherer dans l'édition S.T.F.M., pp. viii-xii,
  le minutieux article de A.L. Stiefel, 'Jean Rotrous *Cosroès* und
  seine Quellen', *Zeitschrift für französische Sprache und Literatur*,
  XXIII, 1901, 69-188 (pp. 70-76).

XI

intérieure' du *Véritable saint Genest*. On pourrait se
demander à première vue pour quelle raison un sujet aussi
obscur et apparemment peu édifiant avait retenu l'attention
d'un père jésuite. C'est qu'un épisode du règne de Chosroès
II avait pris une signification religieuse considérable: en
614 la prise de Jérusalem par l'armée persane avait été
marquée non seulement par un massacre des Chrétiens (au
nombre de 90.000, selon certaines sources), mais aussi par
l'enlèvement de la Vraie Croix sur laquelle, selon une
tradition chère aux fidèles, le Christ avait été crucifié.
La fin du drame de Cellot comporte non seulement la mort du
tyran Chosroès, mais la restitution de la Vraie Croix exigée
par les Romains comme condition d'un armistice. En outre
Cellot a fait du roi persan un redoutable persécuteur des
Chrétiens. Au cours du premier acte apparaît le fantôme de
saint Anastase, martyrisé par l'ordre de Chosroès, et qui
vient prédire la proche punition du tyran. La pièce de
Cellot a donc en réalité un caractère doublement édifiant:
il ne s'agit pas du châtiment d'un crime quelconque, mais
d'un attentat contre la véritable foi et contre le Dieu des
Chrétiens. Cependant, Rotrou, fidèle ici à l'esthétique
profane de la tragédie classique, a éliminé de son oeuvre
toute allusion religieuse explicite.

Quelle est l'exacte importance de la pièce de Cellot
comme source du *Cosroès* de Rotrou? Il ne convient ni de la
minimiser ni de la surfaire; car les minutieuses recherches
de A. L. Stiefel nous permettent de la mesurer avec quelque
exactitude (9). La forme et le contenu du drame latin ont
été déterminés avant tout par deux facteurs. D'abord, il
s'agit d'une tragédie de collège, écrite pour être
représentée ou plutôt récitée par les élèves de l'auteur
jésuite; il n'y a donc pas de rôles féminins. Ensuite il y
a l'influence presque inévitable des tragédies de Sénèque.
Cellot a une conception tout à fait sénéquienne de l'action
dramatique. Le premier acte de *Chosroès*, où sont évoquées
les ombres de saint Anastase, puis d'Hormisdate, n'est qu'un
hors-d'oeuvre, un prologue à l'action véritable de la pièce.
C'est au moyen d'une rhétorique boursouflée et sentencieuse
que Cellot fait sentir à son public la violence et l'horreur
d'un sujet assez caractéristique par sa cruauté des
historiens de Byzance. La férocité de Syroès semble parfois
inspirée par celle des Atrides, telle que Sénèque l'avait
dépeinte dans son *Thyeste* (10). Puisque tout se subordonne
chez Cellot à la fin édifiante, la psychologie des
personnages demeure assez rudimentaire. Chosroès est un
athée endurci qui n'a que blasphèmes à la bouche. Syroès,
au contraire, évolue d'une façon assez inattendue: tourmenté
par les scrupules au IIIe acte au point de vouloir se
suicider, il devient par la suite un tortionnaire

9 *art. cit.*, pp. 78-92. Sur les oeuvres dramatiques du P. Cellot,
   voir E. Boysse, *Le Théâtre des Jésuites*, Paris, 1880, pp. 25-26, 335
   et suiv. En 1883 déjà, Emile Deschanel avait signalé le drame de
   Cellot parmi les sources de *Cosroès*, mais personne avant Stieffel
   n'avait repéré d'emprunts textuels.

10 Stieffel, pp. 88-90.

XII

monstrueux. Il fait apporter à son père la tête de Mardesane et l'oblige à contempler les yeux crevés du plus jeune de ses enfants, Vologeses, avant d'être conduit lui-même à la mort.

Les dettes de Rotrou envers le drame de Cellot sont considérables. Il est même impossible de prouver qu'il ait utilisé pour l'histoire persane une autre source que le texte du père jésuite, auquel il a pu emprunter tous ses rôles masculins et presque tous ses noms masculins sauf celui d'Artanasde (11). Il a trouvé chez Cellot le modèle de cinq scènes (I, 3-4; II, 2; IV, 2; V, 3), et s'est inspiré d'une centaine de vers du drame latin (12). Mais il s'agit de cinq scènes sur vingt-cinq chez Rotrou, et d'environ cent vers sur les 2.300 de Cellot; et même pour arriver à ce total de cent, il faut prendre la plus légère ressemblance pour la preuve d'une imitation consciente (13). En fait, comme nous allons voir, jamais Rotrou n'avait manifesté en adaptant une source dramatique autant de liberté et d'imagination créatrice que dans le cas de *Cosroès*.

Cette belle indépendance, Rotrou l'a conquise dans une certaine mesure en exploitant une autre situation dramatique, qu'il a trouvée chez un des ses écrivains préférés, Lope de Vega. Il a démontré sa grande familiarité avec l'auteur espagnol en puisant dans une des oeuvres les moins connues de cet écrivain si fécond, la *Comedia famosa de la mundanças de fortuna y successos de Don Beltran de Aragon*, imprimée à Madrid en 1613 dans la *Parte tercera de las comedias de Lope de Vega y otros autores*. L'apport de Lope à *Cosroès*, c'est non seulement l'exposition exceptionnellement dramatique, mais surtout le rôle de Sira, de la 'cruelle marâtre' qui n'était qu'un nom chez Cellot comme chez Baronius. C'est donc à Lope que Rotrou est redevable d'une situation dramatique qu'il a su exploiter avec brio: la seconde femme d'un roi intrigue pour faire donner le trône à son propre fils, au préjudice du véritable héritier, issu d'un premier mariage, et qu'elle persécute; celui-ci se défend vaillamment, mais la 'marâtre' excite la colère de son mari contre lui en l'accusant de l'avoir menacée de son épée. La première scène de *Cosroès* et une partie de la seconde - une cinquantaine de vers en tout - suivent d'assez près le texte de Lope. Ensuite Rotrou abandonne sa source espagnole, mais non sans retenir quelques suggestions pour les rôles de Sardarigue et

11 Stieffel, pp. 105-106.

12 Nous avons signalé dans les notes, d'après les indications de Stieffel, les emprunts textuels indiscutables.

13 C'est ce que fait systématiquement Stieffel.

d'Artanasde, et peut-être pour la dernière confrontation
entre Syroès et Mardesane (14).

C'est donc Lope qui a fourni à Rotrou le rôle capital
de Syra, mais notre auteur n'a certes pu élaborer le
personnage de cette reine ambitieuse et criminelle, sans
songer à la grande 'héroïne en mal' que Corneille venait de
donner à la scène française: la Cléopâtre de *Rodogune*. Nous
verrons cependant que le caractère de Syra, chez Rotrou,
n'est pas un simple décalque du brillant modèle cornélien.
Un autre emprunt probable au même auteur forme la partie la
plus contestable de l'intrigue de *Cosroès*, c'est-à-dire la
révélation de la substitution d'enfants, qui permet à Narsée
de rester fidèle à Syroès sans renier sa véritable mère.
Cet épisode a sans doute été inspiré par la tragédie la plus
récente de Corneille: *Héraclius*, créée au début de 1647.

Cependant on ne saurait attribuer l'originalité de
Cosroès au simple fait que Rotrou avait su exploiter une
certaine diversité de sources. C'est lui qui a su fondre
cette matière empruntée en une oeuvre autonome, ayant son
unité propre, et c'était là un talent qui lui avait parfois
fait défaut dans le passé. Non seulement il commence
l'action de sa pièce par une grande confrontation entre Syra
et Syroès, mais il fera de l'opposition entre ces deux
personnages le pivot de la structure de *Cosroès*: ils vont se
heurter deux fois encore, à un moment capital de l'action,
au milieu du troisième acte (III, 3) et au début du
cinquième (V, 2). Le rôle du vieux monarque sera quelque
peu diminué en conséquence: en proie à sa 'furie', Cosroès
se met le plus souvent à la remorque de sa femme. Dans le
camp opposé, le rôle des 'satrapes' devient plus positif: il
leur faudra non seulement guider mais presque gouverner le
vacillant Syroès. Entre les deux camps, il y aura des
transfuges: Mardesane, très lié au début avec son frère, se
prêtera par une sorte de fatalisme aux machinations de Syra,
alors que Sardarigue, Hormisdate et Artanasde seront poussés
dans le sens contraire par l'horreur que leur inspire la
violence de la reine. L'abandon par Rotrou des éléments
chrétiens et des intentions apologétiques qui avaient
marqué la pièce de Cellot ne va pas sans entraîner des
conséquences importantes. Desormais, il n'y aura plus de
distinction morale à faire entre Mardesane, chrétien par sa
mère chez Cellot, et les autres personnages, car tout le
monde est païen chez Rotrou. Le rôle néfaste de Cosroès ne
pouvait plus s'expliquer par l'inspiration démoniaque;
Rotrou a donc eu recours à la folie, thème trop répandu dans
le 'théâtre baroque' pour qu'on ait besoin d'en chercher des
modèles chez Euripide ou chez Sénèque (15). Finalement, la

---

14 Voir Stieffel, pp. 124, 135, 140-141.

15 Comme le fait Stieffel, p. 123. Sur le thème de la folie dans les
    pièces antérieures de Rotrou, voir F. Orlando, *Rotrou dalla
    tragicommedia alla tragedia*, Turin, 1963, pp. 115-124.

fureur sadique du Siroës de Cellot devait disparaître, non seulement pour des raisons de cohérence psychologique et de bienséance, mais parce que ce prince n'avait plus à jouer le rôle du 'fléau de Dieu' qui lui était assigné dans la pièce du Jésuite. Rotrou a donc substitué chez le père et le fils d'autres motifs, déjà suggérés dans quelques sources historiques, à savoir la soif du pouvoir combattu par les scrupules et les remords. Cette 'laïcisation' de la psychologie s'accompagne d'un approfondissement remarquable: chez la plupart de ses personnages, Rotrou a su créer non seulement des 'caractères' parfaitement cohérents, mais a suggéré les ambiguïtés et les mystères d'une personnalité vivante. Les critiques n'ont pas manqué de discerner, dans les thèmes et les personnages de *Cosroès*, un élément 'shakespearien': l'irrésolution de Syroès fait penser à celle d'Hamlet, le rôle de l'ambition et ses luttes avec la conscience évoquent parfois Macbeth, tandis que la folie et le remords, chez le vieux roi, ne sont pas sans rappeler le roi Lear. La comparaison est sans doute flatteuse pour Rotrou, mais elle n'est pas entièrement imméritée (16); et rien ne fait mieux ressortir l'originalité et l'autonomie de *Cosroès*, en tant qu'invention dramatique à partir des sources que nous avons étudiées.

———— * ————

Il est permis de voir dans *Cosroès* le point culminant d'un art dramatique orienté sur le tard (comme ce fut le cas chez Rotrou) vers le 'classicisme', tel que Corneille l'avait établi au théâtre au cours de la dernière décennie. Ce jugement se fonde avant tout sur la rigueur et sur la régularité de la construction dramatique; à cet égard, l'art de Rotrou atteint dans *Cosroès*, sinon son point de perfection, du moins un niveau d'excellence technique sans parallèle dans son théâtre. Nous avons vu que la structure de la pièce est déterminée avant tout par l'opposition entre deux factions, commandées respectivement par Syroès (avec le soutien de Palmyras et des autres satrapes) et par Syra. Le va-et-vient de l'initiative et de la fortune entre les deux camps imprime au rythme de l'action un mouvement de bascule bien caractérisé; c'est là le résultat des nombreuses péripéties ou retournements dont on a compté jusqu'à onze dans *Cosroès* (17). Pour chaque faction, les triomphes et

---

16 Voir par exemple J. Scherer, éd. Pléiade, p. 1363. Pour des vers 'shakespeariens' dans *Cosroès*, voir par ex. II, 1, 373-395.

17 J. Scherer, *La Dramaturgie classique en France*, Paris, 1950, p. 87; cf. F. Orlando, *Rotrou dalla tragicommedia ...*, pp. 369-373.

les défaites se succèdent à intervalles réguliers, selon une cadence qui va peu à peu en accélérant. Au début, malgré l'intensité dramatique des premières scènes, les péripéties se déroulent à un rythme plutôt lent: les partis rivaux demeurent à 'égalité' en attendant la nouvelle selon laquelle Cosroès va couronner Mardesane (I, 4; II, 2) et faire arrêter Syroès (II, 3). Mais Sardarigue, chargé de cette arrestation, démontre sa fidélité envers le prince en lui révélant tout et en faisant arrêter Syra à sa place (II, 4; III, 2). Syra peut néanmoins espérer être délivrée à la suite de la capitulation de Syroès devant Narsée (III, 5; IV, 3). Entre-temps, Artanasde a trahi Syra en révélant à Syroès le dessein meurtrier de la reine ainsi que la vérité sur l'identité de Narsée, fille de Palmyras (IV, 1). Puis Cosroès et Mardesane sont faits prisonniers par leurs soldats (IV, 2), l'intervention de Palmyras empêche la libération de Syra (IV, 3), et la reine et son fils sont bientôt condamnés à mort (V, 2-3). Après cette série de victoires pour le héros survient une défaite majeure, infligée par lui-même: Syroès capitule devant son père et lui rend le pouvoir (V, 5). Mais il n'aura pas le temps de sauver Mardesane, ni Syra, ni même - dernier coup de théâtre - Cosroès lui-même (V, 7-8). On a fait justement remarquer que les péripéties successives s'opposent et s'annulent "comme les signes plus et moins dans une équation" (18).

En même temps qu'il multiplie les coups de théâtre, Rotrou réalise une admirable concentration dramatique, faisant preuve de cette savante économie de moyens qui caractérisera le classicisme racinien. Ce faisant, il ne dédaigne pas les effets un peu mélodramatiques: au début brusque et mouvementé, avec ses répliques 'à tir rapide', correspond la gageure du dénouement, qui consiste à retarder la nouvelle de l'événement capital jusqu'au tout dernier vers; un auteur du dix-neuvième siècle y aurait sans doute ajouté le mot 'rideau' (19). Au cours des deux derniers actes, les événements se sont précipités à un rythme qui dépasse nettement la 'vraisemblance chronométrique', mais sans rien perdre sur le plan de l'efficacité théâtrale, puisque la 'vraisemblance psychologique' n'y souffre aucunement: la motivation des personnages n'est pas sacrifiée, comme dans certaines pièces antérieures de Rotrou, à la recherche de situations dramatiques saisissantes. Un exemple frappant de cette nouvelle maîtrise se présente au milieu de l'acte IV (vv. 1285 et suiv.), lorsque Palmyras, par son intervention audacieuse,

---

18 J. Scherer, *loc. cit.*

19 R. C. Knight, *'Cosroès* and *Nicomède*, in *The French mind: Studies in Honour of Gustave Rudler*, Oxford, 1952, pp. 56-57.

empêche Narsée de faire libérer Syra. Cette rapide succession de contre-ordres peut d'abord dérouter le spectateur, mais une réflexion rapide suffit pour tout expliquer: chaque interlocuteur - Narsée, Sardarigue, Palmyras et même le garde - a de bonnes raisons de croire qu'il interprète fidèlement les véritables intentions de Syroès. Narsée entend faire exécuter les ordres que celui-ci a donnés devant elle (vv. 1054-1056); mais Sardarigue, n'ayant pas assisté à cette entrevue, n'en croit rien et considère toujours Syra comme une ennemie dangereuse, alors que Palmyras demeure convaincu d'avoir converti Syroès à une politique de fermeté grâce aux révélations transmises par Artanasde (vv. 1128 et suiv.) (20). On aperçoit ici un autre trait caractéristique de *Cosroès*: c'est que des personnages relativement mineurs ont un rôle très actif à jouer et des objectifs clairement marqués - ce qui est bien nécessaire, il faut l'avouer, étant donné la relative passivité de la majorité des rôles dominants, et en particulier de celui de Syroès.

Cependant, malgré son extraordinaire indécision, le personnage de Syroès demeure bien campé au centre de l'action de la pièce. Ici, passivité n'est pas inactivité: au contraire, les résolutions de Syroès se font et se défont à une cadence alarmante, au gré des événements et des rencontres; et ainsi l'action dramatique devient le reflet de la personnalité si mobile du prince. Comme pour souligner la position centrale de celui-ci dans l'architecture de la pièce, chacun des quatre premiers actes se termine par la mise en relief d'une décision qu'il doit prendre (21). Le caractère de plus en plus pressant de son dilemme est bien marqué aussi par le rappel insistant d'un vers d'abord prononcé par Syra: "Mais je périrai, traître, ou mon fils régnera" (v. 71). L'opposition de ces deux notions, *périr* et *régner*, revient comme un *leitmotif* (22). On discerne ici un autre trait de la structure dramatique de *Cosroès* qui peut apparaître, selon l'optique que l'on adopte, comme une qualité ou comme un défaut. D'un côté, chaque péripétie est comme un approfondissement du drame, et sert à en accroître la tension. Mais par ailleurs le dilemme où se trouve Syroès n'évolue pas, il ne fait que s'aggraver; le problème moral et politique qu'il doit résoudre demeure le même à travers toute la pièce, et le protagoniste nous donne ainsi l'impression de tourner en rond plutôt que de progresser.

---

20 Voir la note de J. Scherer, éd. S.T.F.M., pp. 86-87 et éd. Pléiade, pp. 1372-1373.

21 J. Morello, *Jean Rotrou*, Twayne, Boston, 1980, pp. 148-149.

22 vv. 176, 248, 328, 905, 1390.

Cosroès marque le ralliement final de Rotrou à ce que nous appelons aujourd'hui la dramaturgie classique. L'emploi des thèmes et des formes 'baroques', qui avaient tant de fois servi d'ornements à ses tragi-comédies, a été réduit au minimum. L'auteur est devenu avare, quant aux formes dramatiques, d'apartés, de stichomythies, de stances et de monologues. Quant aux thèmes, il ne multiplie plus comme autrefois les fourberies , les malentendus, et les illusions de tous genres. Cette pièce a été caractérisée, non sans raison, comme une 'tragédie sans mensonges' (23). Les traits 'classiques' y abondent: les unités de temps et de lieu, d'action et de ton y sont observées, à part quelques difficultés, dont il sera bientôt question, concernant l'unité d'action. A cette exception près, l'intrigue ne comporte pas d'éléments inutiles: Rotrou les a tous éliminés en adaptant l'abondante matière que lui offrait le drame de Cellot, tout comme il a pris soin de se conformer aux notions nouvelles de vraisemblance et de bienséance. La règle de la liaison des scènes n'y subit aucune infraction.

Ce souci évident de la régularité et d'une certaine rigueur formelle n'a pas empêché Rotrou d'enfreindre une fois, et d'une façon assez voyante, la règle de l'unité d'action, en introduisant au cours de l'acte III un personnage dont la platitude et l'apparente inutilité ont choqué bien des lecteurs. Il s'agit bien entendu de Narsée. A la rigueur, elle n'est pas tout à fait inutile à l'économie de la pièce: sa présence sert indubitablement à intensifier et à compliquer le dilemme de Syroès, et à engendrer quelques péripéties. Mais elle est loin d'être indispensable, et elle apporte avec elle un style et une thématique romanesques qui jurent quelque peu avec le sérieux moral et politique des préoccupations dominantes. Finalement Rotrou, pour 'neutraliser' Narsée en tant qu'obstacle, a recours à une solution de tragi-comédie: la princesse change d'identité, grâce à une substitution d'enfants d'un genre aussi rebattu qu'invraisemblable. Dans le texte original de 1649, rien ne préparait ni n'annonçait l'entrée en scène de Narsée à la cinquième scène de l'acte III; dans l'édition de La Haye de la même année, cette omission a été réparée, mais de façon assez inadéquate, par l'insertion de huit vers dans le texte du premier acte (vv. 289-296). Ici, nous avons affaire à ce qu'il faut bien appeler, dans l'optique du classicisme, une 'régression' de la part de Rotrou. Il est tentant de l'expliquer, comme l'a proposé Scherer, par l'hypothèse d'une addition de la dernière heure occasionnée par l'arrivée à l'Hôtel de

---

23 C'est le titre du dernier chapitre de la thèse de F. Orlando: *La tragedia senza menzogne*. Voir cependant ci-dessous, note 33.

XVIII

Bourgogne d'une actrice en quête d'un beau rôle. Mais il faut remarquer que si l'on élimine du texte de *Cosroès* le rôle de Narsée et tout ce qu'il implique, la pièce sera réduite à environ 1400 vers; et du IVe acte, déjà sensiblement plus court que les autres (24), il n'en restera que 110. Quelle que soit l'explication, il ne faut peut-être pas trop se lamenter sur le rôle de Narsée: nous verrons que sa présence sert à convaincre Syroès de l'inhumanité (v. 983) du rôle que les satrapes veulent lui imposer, et à lui rappeler que les liens de l'amour ont finalement plus d'importance à ses yeux que l'appel de l'ambition (25).

——— * ———

Quant aux caractères que Rotrou a créés pour peupler son drame, le moins qu'on en puisse dire, c'est qu'ils sont à beaucoup d'égards originaux, subtils et fort intéressants. Ils ne ressemblent guère pourtant au 'héros moyen' de la tragédie française classique, dont le comportement obéit, même à travers les pires incohérences de la passion, à une logique lucide basée sur certaines notions conventionnelles de la vraisemblance psychologique. Des critiques ont fait remarquer certaines singularités des personnages de *Cosroès*, en particulier la sensibilité trouble, voire tourmentée, qui paraît caractériser le remords du vieux roi et le comportement souvent imprévisible de ses deux fils (26). Même la conduite de Syra, personnage aux 'contours' assez nettement arrêtés, ne laisse pas de poser quelques problèmes. Sans aller jusqu'à nous plaindre avec les frères Parfaict que "pas un des acteurs de cette pièce n'a un rôle soutenu" (27), nous pouvons légitimement nous demander si cette 'zone d'obscurité' que nous décelons autour ou à l'intérieur de chaque personnage majeur est le produit d'une intuition subtile, ou bien si elle n'est pas plutôt la marque d'un écrivain plein de talent certes, mais finalement de second ordre.

24 Voici les chiffres exacts: Acte I, 356 vers; II, 360; III, 368; IV, 272; V, 386 (382 dans l'éd. S.T.F.M.)

25 J. Morello, *Jean Rotrou*, p. 149.

26 En particulier Jacques Morel, *Jean Rotrou, dramaturge de l'ambiguïté*, Paris, 1968, pp. 73-74.

27 *Histoire du théâtre français*, Paris, 1743-1749; Slatkine Reprints, Genève, 1967, VII, 223.

Le personnage du roi Cosroès n'est pas le moins
déconcertant de la pièce. Ce qui nous frappe d'abord, c'est
que le héros éponyme, en qui l'on pouvait s'attendre à
trouver un personnage de premier plan, ne joue en fait qu'un
rôle assez secondaire, à en juger du moins par sa longueur,
à savoir 115 vers (28). Cette 'rareté' n'empêche cependant
pas Cosroès de paraître une figure complexe, en qui l'on
découvre autant de signes de grandeur et de noblesse que de
signes de corruption criminelle. L'on peut certes le
dénoncer comme un faible, comme un irrésolu qui n'a aucune
suite dans les idées et qui se dérobe devant toutes les
responsabilités (29); mais c'est oublier un peu vite que
Rotrou le dépeint comme un roi fou. Sa démence, provoquée
par son remords d'avoir usurpé le trône en assassinant son
père, s'exhibe surtout au début du deuxième acte, dans une
série de discours où se succèdent les 'visions' infernales
et les images mythologiques de la vieille tradition
sénéquienne; mais en définitive la folie de Cosroès apparaît
relativement sobre et modéré, voire lucide, en comparaison
des 'grands égarements' autrefois chers au théâtre baroque
(30). Nous n'apprenons rien sur les circonstances du
parricide qui n'a cessé de tourmenter la conscience du roi,
à travers les longues années qui se sont écoulées depuis;
mais cette suprême offense à la piété filiale semble bien
être, aux yeux de Rotrou, le crime impardonnable par
excellence. A la suite de ce meurtre, Cosroès se trouve
pris dans un enchaînement de calamités dont la dernière
constituera le dénouement de la pièce. Rotrou souligne
plusieurs fois la culpabilité du vieux roi, dont les
forfaits, joints à une soumission aveugle à sa femme, l'ont
rendu odieux aux yeux de ses sujets (vv. 251-258, 270-272,
304-322, 385-392, 407-408, etc.). De temps en temps, nous
entrevoyons le passé criminel de Cosroès dans ses propos ou
ses actes présents. La brusquerie et la légèreté avec
lesquelles il donne certains ordres (vv. 519-520, 529-530),
sa formulation cynique de la théorie du 'bon plaisir' (vv.
645-646), et un trait de dissimulation perfide (vv.
680-684), nous rappellent que nous avons affaire à un
usurpateur, à un tyran. Dans de tels moments, Cosroès n'a
rien d'un dément, sa lucidité apparaît entière. Mais son
remords ne cesse de produire en lui une 'morsure intérieure'
(31). Il en résulte une curieuse volonté de réparation,

28 Voir F. K. Dawson, 'Cosroès', *Nottingham French Studies*, XIII,
    1974, p. 6.

29 J. van Baelen, *Rotrou, le héros tragique et la révolte*, Paris, 1965,
    pp. 189-190, 198.

30 F. Orlando, *Rotrou dalla tragicommedia* ..., pp. 375-377.

31 J. Morel, *Rotrou dramaturge de l'ambiguïté*, p. 73.

XX

vaine mais tenace, qui explique peut-être l'inégalité frappante de sa conduite envers ses deux fils. Pour des raisons qui demeurent obscures, le roi semble identifier sa propre culpabilité avec Syroès, à qui il ne parle guère, tandis que Mardesane incarne à ses yeux la gloire, la pureté et l'innocence (32). Il faut peut-être attribuer cette préférence à l'aveugle amour de Cosroès pour sa femme en secondes noces, Syra. Il ne devine jamais la façon cynique dont celle-ci cherche à exploiter sa faiblesse. Mais le Cosroès de Rotrou - à la différence du Prusias de *Nicomède* - ne suggère pas le moindre rapprochement avec le mari berné de la farce traditionnelle. Malgré l'humiliation que lui attire sa folie, il ne sera jamais dépouillé de sa dignité royale. Lors de sa dernière apparition sur la scène (V, 5), Cosroès semble avoir récupéré toute sa grandeur et sa présence d'esprit d'autrefois, ce qui l'aidera à dominer Syroès de très haut au cours de leur ultime rencontre.

Le personnage le plus agissant de la pièce est sans aucun doute Syra. En elle s'incarne une volonté de puissance démesurée et sans frein. Son caractère n'offre sans doute rien de très original: nous avons déjà constaté la dette de Rotrou envers Lope (33), et d'autre part ce personnage s'inscrit dans la tradition théâtrale de la 'femme forte' où nous retrouvons non seulement la Marcelle et la Cléopâtre de Corneille, mais aussi trois mémorables 'héroïnes en mal' de Rotrou lui-même: la Déjanire d'*Hercule mourant*, l'Hermante de *L'Innocente Infidélité* et la Théodore de *Bélisaire*. Mais à la différence de toutes celles-ci (sauf Cléopâtre qui seule la dépasse en éclat théâtral), Syra ne semble à première vue poursuivre qu'un seul but: la domination politique. Elle souscrit à une morale 'machiavélique' de la réussite à tout prix, ce qui fait que malgré son culte de la dignité royale, elle ne trouve rien de déshonorant dans le mensonge et la fourberie (34). Mais son trait le plus marquant est indubitablement l'orgueil, qui l'entraîne par moments aux dernières limites de l'arrogance méprisante (v. 43) et lui interdit de s'abaisser devant qui que ce soit (vv. 862-867). Il est tentant de conclure que la personnalité de Syra n'a rien de complexe (35). Pourtant tout n'est pas absolument simple chez ce personnage. Si elle apparaît souvent comme un esprit froidement 'machiavélique', il nous arrive de temps en temps d'entrevoir en elle des profondeurs plus troubles. Du point de vue de la tradition théâtrale, Syra est une incarnation

32 vv. 554-562. Cf. J. Morello, *Jean Rotrou*, p. 147.

33 Voir ci-dessus, p. 8 et les notes des deux premières scènes.

34 Voir par ex. vv. 78-82, 491-499, 670-677. L'idée que Syra serait ici 'sincère dans son emportement', suggérée par Orlando, p. 373, n'est pas très convaincante.

35 J. Morello, *Jean Rotrou*, p. 150.

non seulement de la 'femme forte', mais aussi de la 'marâtre'. Sa haine pour Syroès ne s'explique pas uniquement par le désir d'écarter l'obstacle majeur à l'extension de son pouvoir: sa détestation du prince semble parfois atteindre une intensité presque hystérique (36). Cette haine insensée sera la cause de sa perte. Elle choisit d'en donner une expression éclatante en faisant apporter à Syroès un poignard et une coupe de poison; mais ce geste spectaculaire révolte Hormisdate et Artanasde, deux serviteurs jusque-là fidèles, à tel point qu'ils passent dans le camp ennemi. De même, c'est l'arrogance dédaigneuse de Syra qui explique le manque de prévoyance dont les frères Parfait s'étaient plaints comme d'une incohérence dans son caractère (37).

Il y a certes quelque chose d'un peu démoniaque dans la personnalité de Syra. Sans aller jusqu'à mépriser ouvertement les Dieux, elle ne cache pas son scepticisme à leur égard (vv. 1421-1424). Cependant, malgré son inclination au mal, on ne saurait méconnaître en elle une certaine forme de 'générosité'. Chez elle comme chez la Médée et la Cléopâtre de Corneille, cette vertu se manifeste comme une aspiration orgueilleuse à une liberté totale (vv. 1357-1378). Elle fera ainsi de son suicide un triomphe de son 'moi', et boira sans amertume le poison qui va l'affranchir de toute humiliation. A ses yeux, l'échec n'enlève rien à la splendeur d'une entreprise qu'elle a voulu achever au mépris de tous les risques personnels (vv. 1382-1394). Et pourtant cette volonté de fer n'est pas sans faille: au tout dernier instant, juste avant qu'elle ne boive le poison libérateur, on nous la dépeint effondrée, "en pleurs sur le corps de son fils", en train de maudire "les destins et les Dieux ennemis" (vv. 1717-1718). On peut bien dire de Syra ce que Corneille écrivait de sa Cléopâtre: l'horreur qu'inspirent ses actions ne nous empêche pas d'admirer la source d'où elles partent (38). Il s'agit bien entendu d'une 'admiration' tout esthétique, qui rend hommage surtout à l'efficacité théâtrale de ce rôle de reine.

Son fils Mardesane ne joue qu'un rôle accessoire, mais c'est un rôle dont la motivation n'est pas facile à établir de manière claire et certaine. Pourquoi finit-il par consentir à une usurpation qu'il avait si vigoureusement dénoncée au premier acte? Pourquoi se prête-t-il si aisément aux desseins de Syra? Est-ce par principe de fidélité à ses parents et par obéissance à la volonté royale? Il nous semble pourtant que l'affection et la

---

36 Voir par ex. vv. 794-795, 893-896, 1368, 1371, 1426-1428, 1453-1454, 1465-1466.

37 *Histoire du théâtre français*, VII, 223.

38 *Discours du poème dramatique*, éd. L. Forestier, Paris, 1963, p. 55.

loyauté fraternelles, jointes à un réel sentiment de la justice, devraient l'emporter chez cet homme lucide, intègre et modéré, en qui nous ne devinons rien de bas ni d'odieux. Mais si Mardesane paraît davantage homme d'action que son frère, il n'est pas moins vulnérable que lui à une certaine défaillance de la volonté, ou plus précisément de la foi en lui-même. Ce vif sentiment de son isolement et de sa fragilité personnelle le conduit à une sorte de résignation fataliste (vv. 546, 647-650, 683-684), et l'on découvre en lui un bel exemple de lucidité tragique. Il sait parfaitement que son avènement au trône n'est autre chose qu'une sentence de mort (vv. 631-636) (39). Mais selon une croyance répandue au XVIIe siècle et dont Rotrou fait la démonstration explicite dans *Cosroès*, l'ambition du pouvoir n'est pas une aspiration ordinaire; pour le 'généreux', le trône a un attrait irrésistible qui opère une véritable métamorphose de la personnalité (vv. 1523-1534, 1545-1548). Ainsi ce Mardesane d'abord si soumis finira-t-il par porter à son frère triomphant un défi dont l'issue règle son propre sort (vv. 1549-1568). Sa dernière action 'généreuse' consistera à se suicider, plutôt que de subir la mort de la main 'infâme' du bourreau (vv. 1694-1700).

Comme Mardesane, Syroès, tout en étant le héros ou du moins le protagoniste du drame, apparaît plutôt comme une victime. Il semble poursuivi par une fatalité qui se concrétise dans une situation dramatique de plus en plus implacable. Il s'agit d'ailleurs d'une fatalité intérieure aussi bien qu'extérieure, car ce prince, dont le rôle en face de Syra forme le pivot de l'action, se distingue par une indécision et une passivité dont l'origine semble être en partie caractérielle. Tout au long de la pièce, et surtout à partir de l'intervention de Narsée, Syroès paraît réagir plutôt qu'agir. Il n'est donc pas étonnant que la critique l'ait représenté comme un 'anti-héros', tout à fait inégal à sa destinée, aucunement homme d'action, et particulièrement désastreux comme conspirateur (40). Une éthique existentialiste condamnerait sans rémission sa lâcheté, sa faiblesse de caractère, son refus de prendre la responsabilité de ses actes (41); un juge plus indulgent se contente de souligner son manque d'énergie, son incapacité de 'nourrir d'une foi efficace les entreprises que lui dicte le *devoir*' (42). Et pourtant Rotrou représente Syroès comme un 'généreux' qui a sauvé la vie de son frère et rival (vv. 663-664), et qui demeurera jusqu'à la fin l'objet de notre sympathie. Sa 'générosité' n'a certes rien de cornélien: à la 'vertu' romaine, il préfère l'humanité (v. 1691). Bien qu'il se considère comme le 'roi des nobles', ayant reçu en

---

39 J. Morello, p. 148.

40 J. Scherer, éd. S.T.F.M., pp. xx-xxi; éd. Pléiade, pp. 1363-1364; R. C. Knight, '*Cosroès* and *Nicomède*', p. 54.

41 J. van Baelen, *Rotrou...*, pp. 185-203, *passim*.

42 J. Morel, pp. 71-72, 91-92, 101.

quelque sorte l'investiture des 'satrapes' (43), Syroès s'oppose fondamentalement (quoique peu résolument) aux maximes 'machiavéliques' que ceux-ci lui prodiguent. Il finira par les blâmer du désastre qui l'accable (vv. 1594-1600, 1707, 1737-1739). Sa conscience morale se nourrit d'un idéalisme que son pessimisme inné (vv. 1006-1012, 1054-1066) ne parvient jamais à détruire, car il possède malgré tout une foi réelle en un ordre transcendant, en une Providence protectrice des souverains légitimes (vv. 63-68, 1417-1420). Mais pour lui la clef de la vraie vertu réside non pas dans les principes de la morale, mais dans l'émotion, la sensibilité, et surtout dans les liens mystérieux de la 'nature' et du 'sang' (44). Le crime du parricide, bien qu'il en voie parfaitement la nécessité politique, se heurte chez lui à une sorte de refus viscéral (vv. 1213-1215, 1255-1280, 1584 et suiv., 1623-1628). Il se trouve donc pris dans le piège d'une contradiction tragique puisque insoluble, car il n'a guère l'âme d'un martyr; l'instinct de la conservation de soi, le désir de la survivance corporelle, agissent fortement sur lui(vv. 143-154, 924 et suiv.). Etant donné ce refus de se sacrifier, il est à la fois imprudent et illogique, dans la situation où il se trouve, de préférer la piété filiale à la loi du plus fort, car le bien qu'il veut établir n'est pas de ce monde. Néanmoins, pour ce prince en qui l'on a pu reconnaître une conscience chrétienne (45), l'obéissance aux dures nécessités de la politique serait une trahison de son 'moi intime'. C'est cet affreux dilemme, plutôt qu'une simple faiblesse de caractère, qui produit l'étrange comportement, à la fois fébrile et impuissant, de ce prince dont on ne saurait affirmer avec confiance que son créateur le condamne (46).

Quant à Narsée, nous avons déjà étudié l'origine probable et les principaux inconvénients de son rôle (47). Si celui-ci a été effectivement une addition de la dernière heure, il s'ensuit que Rotrou avait d'abord conçu sa pièce sous la forme d'une 'tragédie sans amour'. De toutes façons, ce thème demeure tout à fait secondaire: on a pu même se demander si Narsée était la femme ou la fiancée de

---

43 Voir par ex. vv. 332-344, 715-716, 1471-1482. Cf. P. Butler, *Classicisme et baroque dans l'oeuvre de Racine*, Paris, 1959, pp. 164-165, 208.

44 Voir par ex. vv. 1261-1270, 1645-1651. Cf. R. J. Nelson, *Immanence and Transcendence: the Theater of Jean Rotrou*, Ohio State Univ. Press, 1969, pp. 160, 165-166, 176.

45 R. J. Nelson, pp. 160-161, 174-176.

46 Voir surtout Donald Stone Jr, 'Tragedy in *Cosroès* ', *Modern Language Review*, LVI, 1964, 295-300.

47 Voir ci-dessus, p. 13.

Syroès (48). L'unique source du doute est le tableau des
acteurs de l'édition Sommaville de 1649; partout ailleurs,
par exemple à la même page de l'édition Elzevier, et à
quatre endroits décisifs du texte (vv. 294, 952, 954, 1286),
il est manifeste que Narsée n'est que 'maîtresse' ou
'amante' du prince. Le dilemme que sa présence lui apporte
n'est pas d'ordre purement sentimental, car non seulement
Narsée menace avec verbosité de devenir l'ennemie de Syroès
(vv. 1021-1051), mais elle sert à lui poser le problème
moral dans toute son acuité: 'Un empire vaut-il cette
inhumanité?' (v. 983). Quant à sa promesse d'observer de
près les agissements de Syra (vv. 1074-1080), elle ne fait
que souligner la naïveté de Narsée, comme ses derniers
gestes envers la reine mourante (vv. 1708-1722) prouvent sa
noblesse d'âme. Avec le rôle de Narsée, Rotrou aurait pu
introduire dans sa pièce un conflit tragique véritable; mais
il a choisi de l'annuler en retirant le personnage du drame,
par la révélation de sa vraie identité. En fait, pour tirer
parti de ce conflit, l'auteur aurait dû tout d'abord rendre
le caractère de Narsée plus intéressant. Telle qu'elle est,
avec les propos galants et les lieux communs romanesques
qu'elle inspire, elle jette un certain froid dans les scènes
où elle figure (49).

Restent cinq personnages, conseillers ou courtisans,
qui loin d'être de simples comparses constituent avec Syra
l'élément le plus actif de l'intrigue de *Cosroès*. Ce groupe
comporte deux satrapes 'fidèles', Palmyras et Pharnace,
gagnés par avance au parti de Syroès, plus trois
'transfuges': Sardarigue, capitaine des gardes; Artanasde,
'vieil affranchi de la reine'; et sa soeur Hormisdate.
Ceux-ci sont jetés dans le camp de Syroès par l'indignation
provoquée par les ordres criminels de Syra (50). Parmi eux,
le rôle dominant est sans contredit celui de Palmyras: voilà
l'adversaire le plus efficace de Syra, véritable
'gouverneur' de Syroès qu'il assiège de conseils,
d'éloges,de critiques et de menaces, et sur lequel il finira
par porter un jugement très dur (vv. 1679-1680). Palmyras,
Pharnace et Sardarigue sont donc essentiellement des hommes
d'action peu compliqués: d'esprit pratique, ils défendent la

---

48 Par exemple, H. C. Lancaster, *A History of French Dramatic
    Literature in the Seventeenth Century*, Baltimore-Paris, 1929, 9
    vols, II, 553.

49 L'expression est de Lacy Lockert, *Studies in French-Classical
    Tragedy*, Nashville, 1958, p. 209.

50 Cf. *Recherches de thématique théâtrale: l'exemple des conseillers de
    rois dans la tragédie classique*, sous la direction de Jacques
    Truchet, Tübingen-Paris, 1981, pp. 40-41.

légitimité royale tout en rejetant l'idéalisme de Syroès dont ils ne cessent de condamner les scrupules. C'est en cela que leur rôle paraît ambigu: dans la mesure où ils poursuivent un but personnel, les 'maximes machiavéliques' dont ces conseillers harcèlent Syroès peuvent être condamnées (51). Ces instruments criminels d'une Providence bienveillante représentent bien, aux yeux de Rotrou, l'ambiguïté de la politique et des institututions humaines (52). Ils finiront par être dénoncés par le prince qu'ils ont sauvé, à la manière des 'boucs émissaires' familiers de la tragédie classique (53).

L'étude des caractères suggère donc que la question de la valeur tragique d'une pièce telle que *Cosroès* se révélera assez complexe. En effet, deux problèmes se posent sur lesquels les critiques sont loin de se mettre d'accord: d'une part, le jugement qu'il convient de porter sur le personnage de Syroès, et d'autre part le rôle que joue dans l'action de la pièce, et particulièrement au dénouement, cette Providence à laquelle le prince croit si fermement. Ces deux problèmes ne sont pas entièrement sans rapport l'un avec l'autre, car dans chaque cas la réponse dépendra dans une certaine mesure de l'importance que l'on attachera au drame politique. Si l'on voit la situation dans l'optique toute pragmatique d'une Syra ou d'un Palmyras, il est évident que Syroès apparaîtra comme un faible, presque comme un être irresponsable; le fait qu'il finit par échapper à la mort et par monter sur le trône sera attribué à une Providence particulièrement favorable, car jamais conspirateur n'a autant accumulé contre lui-même les chances d'un échec. Si en revanche l'on prise avant tout les valeurs que nous avons déjà identifiées dans la conduite de Syroès - la justice, l'humanité, la charité, la piété filiale - il s'ensuit qu'on ne refusera pas de le considérer comme un 'héros généreux'. Dans le second cas, il est manifeste que l'accession au trône ne suffira pas pour consoler Syroès de la mort de son père dont il ne manquera pas de se tenir responsable, malgré tous ses efforts pour l'empêcher. Peut-être convient-il donc de poser une question préalable: dans quelle mesure cette pièce peut-elle être considérée comme une tragédie politique?

51 Voir par ex. les vv. 204-206, 269-272, 700, 1244-1246, 1251-1254, 1263, 1475-1482, 1597-1598.

52 Cf. F. Orlando, *Rotrou dalla tragicommedia* ..., pp. 400-403.

53 Voir M. Baudin, 'The Shifting of Responsibility in Seventeenth-Century French Tragedy', *Modern Language Notes*, XLIX, 1934, 152-158.

De toute évidence, l'intrigue de *Cosroès* a un caractère
éminemment politique: elle est composée d'une série de
tentatives de coup d'état qui sont les avatars d'une lutte
acharnée entre deux factions, dont l'objet essentiel est la
conquête ou la conservation du pouvoir. Mais quant à
l'insertion de cette lutte dans un contexte historique
concret, force nous est de constater la relative pauvreté de
Cosroès, en comparaison du moins avec le *Nicomède* de
Corneille dont notre tragédie a été une source importante
(54). La 'toile de fond' historique a été plutôt estompée
par Rotrou. Il arrive plusieurs fois à Palmyras de
mentionner le traité de paix avec les Romains qui constitue
la principale 'plate-forme' de son parti; mais Syroès ne s'y
intéresse guère, surtout s'il est question en même temps du
sort de son père (55). De même, la qualité des débats
politiques qui ont lieu de temps à autre dans *Cosroès* ne
soutient pas vraiment la comparaison avec *Nicomède*. Pour
s'en convaincre, il suffit de relire la contestation en
stichomythie entre Syra et Syroès, qui éclate lorsque
celui-ci vient assister à l'arrestation de la Reine (vv.
873-888). Tous deux font assaut d'arguments assez peu
solides, jusqu'à ce que Palmyras finisse par morigéner assez
vertement son maître qui en effet perd son temps, compromet
son autorité et se défend assez mal. En réalité, les thèmes
les plus importants de la pièce, par exemple l'opposition
entre *rang* et *sang*, c'est-à-dire entre l'ambition et l'amour
filial, et surtout entre le 'machiavélisme' et la
'générosité', ont tous un caractère foncièrement moral
plutôt que politique. Le fait que les mêmes 'maximes' peu
scrupuleuses qui caractérisent le parti de Syra et le font
condamner à nos yeux, reparaissent dans la bouche de
Palmyras et de ses alliés qui soutiennent 'la bonne cause'
par pur intérêt, nous avertit que le véritable thème de
cette tragédie, ce n'est pas la supériorité de telle
politique sur telle autre, mais la corruption universelle de
la politique, telle que les hommes la pratiquent. Pour agir
dans un tel monde, la Providence ne peut utiliser que les

---

54 Voir L. M. Riddle, *The Genesis and Sources of Pierre Corneille's Tragedies from 'Médée' to 'Pertharite'*, Baltimore-Paris, 1926, pp. 153-180, *passim*; et surtout l'article de R. C. Knight (voir plus haut, note 19). Dans l'*Examen* de *Nicomède*, Corneille affirme que son principal objet a été de "peindre la politique des Romains au dehors, et comment ils agissaient impérieusement avec les Rois leurs alliés." Cf. R. Garapon, 'Rotrou et Corneille', RHLF, 1950, pp. 392-394.

55 Voir les vv. 211-212, 257-258, 324, 355, 910-911, 1207-1212; à partir de ce dernier passage, les Romains sont oubliés, car ils n'auront aucun rôle à jouer lors du dénouement.

moyens du bord; les 'causes secondes' seront nécessairement
impures (56). Même si Syroès représente un futur monarque
de droit divin, on ne saurait nier que le diable et ses
acolytes aient beaucoup aidé à jeter les assises de son
règne.

Etrange contraste, en effet, entre l'enthousiasme avec
lequel ce price accueille l'"investiture" des satrapes, et
les malédictions dont il les accable à la fin! (57) Mais il
est évident que Syroès, malgré les amers reproches qu'il
adresse à Palmyras et à Sardarigue, ne saurait s'exempter de
tout blâme à propos de la dernière tournure que prennent les
événements. Bien que la noblesse d'âme dont il fait preuve
soit difficilement compatible, dans une pareille
conjoncture, avec le salut politique, Syroès désire
néanmoins survivre; comme nous l'avons vu, il n'a rien en
lui d'un Genest. Par conséquent, il devrait reconnaître
quelles seront pour lui les conséquences de la lutte pour le
pouvoir politique. Il ne l'ignore pas, d'ailleurs:
s'adressant à Mardesane au premier acte, il lui conseille de
ne pas espérer que Syra parviendra à le mettre sur le trône:
'Elle ne vous peut rendre un plus mauvais office' (v. 94).
Plus tard, c'est presque avec satisfaction qu'il fait
observer à son demi-frère captif que cette prophétie s'est
entièrement réalisée (vv. 1485-1494). Au cours de son débat
capital avec Palmyras (III, 4), Syroès reconnaît fort
lucidement la *fatalité* qui l'obligera à recourir au meurtre
afin de conserver ses droits légitimes; il sait qu'il
n'évitera pas l'ultime épreuve de force avec son père, et il
semble en avoir pris douloureusement son parti (vv.
924-936). Pourtant cette même épreuve, quand elle arrive,
semble le prendre au dépourvu; sa seule réaction, c'est la
panique, le désespoir, l'effondrement instantané (vv.
1213-1214, 1588-1591). Car Syroès, nous l'avons déjà vu,
est un grand émotif. Mais son refus n'est pas uniquement
fondé sur l'émotion: il reconnaît le caractère mystique de
ces liens du sang qu'il doit briser, il y voit l'incarnation
d'une loi divine qu'il ne peut enfreindre qu'au risque de
voir la Providence se retourner contre lui (vv. 1611-1612).
Il ne saurait donc prendre les mesures nécessaires pour
protéger sa propre vie qu'au prix de trahir ses aspirations
les plus profondes. Que l'on voie dans son dilemme la
preuve d'une faiblesse de caractère ou au contraire celle
d'une grande force morale, on ne saurait en méconnaître le
tragique.

Mais que se passe-t-il au juste pendant les dernières
scènes de *Cosroès*, et surtout après? Si l'on ne considère

56 F. Orlando, *Rotrou dalla tragicommedia*..., pp. 402-405.

57 Voir plus haut, à la note 43.

que les événements matériels qui constituent le dénouement, l'on pourra conclure que la Providence a bien joué son rôle de protectrice des souverains légitimes et de fléau des usurpateurs. Syroès va monter sur le trône; tous les obstacles à son règne semblent avoir été écartés avec la mort de Syra, de Mardesane et de Cosroès; le vieux roi a fini par expier son crime (vv. 1731-1735). Sardarigue n'hésite pas à attribuer ces événements au bon 'destin de la Perse' (v. 1723). Mais ce qui vient de se paser ressemble étrangement à un accident fortuit: la capitulation de Syroès devant son père a lieu quelques instants trop tard pour permettre à Cosroès de sauver la vie de sa femme et de son fils, et dans son désespoir il avale le reste du poison destiné à Syra; nous apprenons au tout dernier vers que 'le tyran ne vit plus'. Cependant quel effet ces événements funestes vont-ils produire sur Syroès? Voilà le point essentiel. Rotrou ne nous en donne qu'un indice des plus brefs, dans les paroles que le prince adresse d'abord à ses généraux, ensuite à Narsée:

La couronne, inhumains, à ce prix m'est trop chère,
Allons, Madame, allons suivre ou sauver mon père.
(vv. 1739-1740)

Syroès ne pourra pas sauver son père; faut-il donc en conclure qu'il va se suicider? Scherer fait remarquer à juste raison que dans le théâtre classique on ne saurait prendre de telles déclarations pour argent comptant: les auteurs préféraient parfois tenir le public en suspens quant au sort de leurs héros suicidaires; Racine le fait dans le cas d'Oreste. Mais au même instant (v. 1737) une indication de mise en scène vient décrire Syroès comme 'furieux', comme l'était déjà Cosroès au début de l'acte II. C'est peut-être donc la folie, plutôt que le suicide, qui guette le héros désespéré. Pour certains critiques, comme Jacques Morel, cela ne fait guère de doute: "Syroès, en dépit de sa bonne volonté, cède aux faiblesses et aux passions qui ont coûté à son père le repos de son âme et, victime de son hérédité, sombre comme Cosroès l'avait fait dans les tourments et dans la démence" (58). Le texte pourtant n'en dit rien. Mais il faut admettre la parfaite vraisemblance de cette conjecture: il se peut que le Ciel ait sauvé la vie de Syroès, mais la conscience tourmentée du prince va demeurer chargée d'un atroce sentiment de culpabilité - sentiment accablant quoique peut-être peu fondé - pour une mort qu'il avait tant cherché à éviter. Voilà la profonde ironie tragique du dénouement de *Cosroès*. Mais l'auteur ne nous invite pas à spéculer sur un avenir hypothétique. La brutalité du dernier vers de *Cosroès* est comme la fermeture d'une porte impénétrable sur toute perspective future.

---

58 *Rotrou dramaturge de l'ambiguïté*, p. 155; cf. p. 73, et J. Morello, *Jean Rotrou*, pp. 145, 150-151.

Rotrou a donc réussi à créer, dans *Cosroès*, une situation tragique sans véritable issue, et d'une intensité sans parallèle dans son théâtre. Il se rapproche ainsi de Racine, non seulement en inventant des personnages dont l'instabilité passionnée sert de moteur à l'intrigue, mais en les enfermant dans des conflits et des dilemmes insolubles. Chacun se voit à un moment donné dans une redoutable impasse; chacun a des raisons de désespérer, de se croire victime d'une malédiction divine. Les péripéties de l'intrigue ne représentent plus comme autrefois les agréables caprices de la fragile Fortune, mais les coups successifs d'un Destin implacable (59). Syroès n'abandonne pas sa foi en la Providence, mais le rôle de celle-ci devient de plus en plus énigmatique. Les méchants sont toujours punis à plus ou moins long terme, mais les justes - s'il en existe - ne sont nullement récompensés dans ce monde, ou bien ils ne reçoivent que des bienfaits empoisonnés. C'est comme si l'antique Destin et la Providence chrétienne s'étaient réunis en une expression saisissante du mystère de la condition humaine.

Il est donc bien difficile d'extraire une doctrine ou une perspective morale cohérente du dernier chef-d'oeuvre de Rotrou. L'ambition politique sans scrupules - celle de Syra - est manifestement condamnée. Mais les 'maximes machiavéliques' dont la perversité ne fait guère de doute lorsque c'est la reine qui les prononce, se retrouvent telles quelles dans les exhortations des conseillers de Syroès, qui lui recommandent la violence impitoyable comme le seul moyen d'établir ses droits. Faut-il donc croire que tout est licite lorsqu'il s'agit de la juste acquisition d'un trône? Une telle doctrine n'aurait pas choqué la plupart des contemporains de Rotrou et de Corneille (60). Mais aux yeux de Syroès, les exigences de l'Etat ne sauraient l'emporter sur la piété filiale, car la loi divine est aussi manifestement inscrite dans l'institution de la paternité que dans celle de la monarchie. Comme nous l'avons vu, cette prise de position représente chez Syroès une disposition émotive plutôt qu'une conviction intellectuelle. Il n'est pas facile de déterminer si la pièce dans son ensemble constitue un éloge de la compassion et de l'idéalisme de Syroès, ou bien une condamnation de son manque de fermeté et de l'incohérence de sa conduite. Ce qui est certain, c'est que Rotrou, comme tout bon dramaturge, s'intéresse dans *Cosroès* aux effets dramatiques et pathétiques plutôt qu'à l'enseignement moral.

---

59 F. Orlando, pp. 395-397.

60 Voir par exemple la manière dont Livie justifie la tyrannie passée d'Auguste dans *Cinna*, V, 2, 1609-1616.

Il n'en est pas moins vrai qu'en comparaison de ses
pièces précédentes, la dernière tragédie de Rotrou ouvre sur
l'humanité des perspectives nouvelles et étonnamment
sombres. En abandonnant les derniers vestiges de la
tragi-comédie en tant que forme dramatique, Rotrou en laisse
tomber les valeurs optimistes, telles que le prestige du
sang noble et l'excellence de la 'générosité', c'est-à-dire
de la grandeur d'âme. De ce point de vue, on pourrait
établir un parallèle frappant entre *Cosroès* et *Suréna*, la
dernière pièce de Corneille; dans chacune de ces tragédies,
il est permis de voir une sorte de palinodie (61), une mise
en question du système de valeurs établi dans les oeuvres
antérieures de l'auteur. *Cosroès* est peut-être une
'anomalie' dans le théâtre de Rotrou (62); mais c'est une
anomalie dont Racine allait bientôt démontrer la fécondité
(63).

La réussite artistique de *Cosroès* peut également être
attribuée à la qualité indéniable de l'écriture théâtrale.
C'était dans *Venceslas* que Rotrou avait fait le pas décisif
vers le 'style classique' en abandonnant dans une large
mesure la subtilité et l'imagerie 'baroques' qui
caractérisaient encore quelques scènes de *Saint Genest*, pour
se rapprocher de la sobriété quelque peu abstraite de la
rhétorique cornélienne. Le style de *Cosroès* conserve encore
quelques traces du passé 'baroque' de l'auteur: dans toute
une série d'images à la fois originales et pourtant un peu
stéréotypées, s'entrelacent les motifs du trône, de la
couronne, du diadème, du feu et du sang (64). De même,
Syroès est enclin à amplifier le dilemme qui l'obsède, à
grand renfort d'antithèses paradoxales et soigneusement
équilibrées (vv. 273-286, 943-950, 1261-1280), et il arrive
à Narsée de l'imiter (vv. 1017-1050, passim). La 'scène de
la folie' où figure Cosroès (II, 1) abonde naturellement en
'visions baroques' peuplées de couleurs et de spectres,
accompagnés de feu, de bitume et de soufre; mais même ici on
remarque des passages qui se caractérisent davantage par
l'abstraction morale (vv. 385-392). Rotrou se souvient de
Tacite (v. 32) aussi bien que de Sénèque; et son emploi
métonymique des parties du corps rappelle certains procédés
de Molière et de Racine (v. 708). Certains usages, y

Voir R. C. Knight, 'Corneille's *Suréna*: a Palinode?', *Forum for
Modern Language Studies*, IV, 1968, 175-185.

62 J. Morello, p. 151.

63 Cette partie de notre Introduction est la traduction abrégée d'un
article intitulé '*Cosroès* - A Providential Tragedy?' publié dans les
Papers in Seventeenth-Century French Literature, X, 1983.

64 Voir par ex. les vv. 635-636, 935-936, 945-948, 1274, 1498-1501
(inspirés par Cellot), 1617-1618, 1633-1634.

compris l'emploi de *dessus* et de *dedans* comme préposition
s (v. 144, note) ou de *devant que* comme conjonction (v.
422), nous avertissent que la formation littéraire de notre
auteur date du règne de Louis XIII; mais les véritables
archaïsmes sont très rares (v. 1121). Le 'style précieux'
ne se manifeste que dans les scènes où figure Narsée.

Quant aux ornements traditionnels du style tragique,
Rotrou fait un usage assez discret de ces formes établies de
l'écriture théâtrale. Pour une pièce où presque tout le
monde conspire, *Cosroès* comporte relativement peu d'apartés
(65). Malgré certains souvenirs de *Rodogune*, l'emploi du
monologue y est également très modéré (66). Plus abondantes
sont les formes que Rotrou a héritées de la tradition
sénéquienne, parfois par l'intermédiare de Cellot, à savoir
les sentences et la stychomythie. Les exhortations à
l'action politique sont très souvent exprimées sous forme de
sentences, et il arrive à Syroès de dramatiser son propre
dilemme à l'aide de maximes antithétiques (vv. 259-260). Le
plus souvent, ces ornements se distinguent par leur
brièveté, mais l'on trouvera sans peine des exemples de
sentences étalées ou échelonnées sur un quatrain entier et
même sur huit vers (67). Rotrou sait également tirer plus
avantageusement parti de la stichomythie en l'utilisant avec
discrétion et avec à-propos, notamment sous une forme
lapidaire (vv. 267-268). Un passage stichomythique que nous
avons déjà examiné (vv. 873-886) souffre de la médiocrité du
contenu plutôt que de celle de la forme, car l'auteur s'en
sert avec habileté, en introduisant dans chaque paire de
vers des échos et des antithèses bien frappées. De même, au
cours de la contestation entre Palmyras et Narsée (vv.
1301-1316), c'est l'artificialité du quiproquo prolongé qui
risque de nous gêner plutôt que celle de la stichomythie
même. En somme, on a très nettement l'impression que Rotrou
s'interdit tout usage exagéré de ces ornements verbaux qui
étaient en train de passer de mode.

En revanche, quant à l'arsenal des formules et des
techniques verbales qui constituent ce que nous appelons la
rhétorique classique, *Cosroès* apporte après *Venceslas* la
confirmation que Rotrou est parvenu, sur la fin de sa
carrière, à une maîtrise de l'écriture théâtrale que seuls
Corneille et Racine ont dépassée dans le domane de la
tragédie. L'emploi savant de l'antithèse et de la
répétition, joint à la mise en relief des mots-clefs, donne
souvent au distique ou au vers isolé une incontestable

---

65 Voir vv. 6, 398-400, 535-536, 546, 683-684, 1354-1356.

66 Voir v. 176, note; peut-être 357-368; 789-795, 943-950, 1281-1284.

67 Pour les sentences, voir par ex. les vv. 204, 593-594, 633-640, 700,
777-778, 899-900, 917-918, 1251-1254, 1407-1410, 1475-1482.

'force de frappe' (68). Les mêmes effets stylistiques se prolongent parfois à travers des passages plus étendus, sans donner l'impression d'une excessive recherche de l'effet (69). Les exclamations, les interrogations, et les répétitions verbales aident à renforcer le souffle de cette rhétorique vigoureuse (70). Rotrou sait également se servir d'une façon un peu insistante de certaines rimes pour établir des *leitmotive* dont le plus notable est l'opposition entre *sang* et *rang* (71). Mais c'est en examinant la construction de certains discours plus étendus qu'on se fera une idée adéquate de l'art oratoire dans *Cosroès*. Prenons par exemple le plaidoyer parfaitement ordonné que prononce Palmyras devant Syroès au premier acte (vv. 203-258). Ce beau morceau d'éloquence sert à la fois de complément à l'exposition de la pièce et d'exhortation à l'adresse de Syroès qui n'a qu'à donner le signal, selon Palmyras, pour se voir entourer d'un formidable parti d'opposition, capable de balayer l'ordre corrompu établi à la cour de Cosroès. C'est le genre de 'discours d'apparat' qui n'a cessé d'attirer les applaudissements du public parisien tout au long du siècle. En dehors de ces grandes tirades qui suivent les normes de l'éloquence contemporaine, Rotrou se montre également capable d'adapter son style à la personnalité de l'orateur. Les vers que prononce Syra ont souvent un caractère d'outrance et une brièveté lapidaire qui reflètent bien l'ardeur de la soif de régner qui les inspire; par contre, Syroès préfère tellement les regrets lyriques et les antithèses paradoxales qu'on imagine bien certains de ses discours récrits, sans trop de modifications, sous forme de *stances* (72).

---

68 Voir par ex. les vv. 174, 194, 561-562, 726, 732, 739, 934, 1012, 1511, 1517-1518, 1636, 1696.

69 Par ex. 273-286.

70 Par ex. vv. 181-186, 328-346, 513-516, 581-584, 689-709, 1404-1420, 1542-1563.

71 La rime *rang*/*sang* revient dix fois en tout, aux vv. suivants: 23-24, 243-244, 431-432, 583-584, 779-780, 1263-1264, 1505-1506, 1521-1522, 1585-1586, 1609-1610.

72 Voir les vv. 69-72, 273-286, 397-400, 581-588, 789-795, 924-936, 943-950, 1081-1084, 1449-1461, 1464-1466, 1681-1687. Mais Syra a parfois recours à une éloquence moins brutale et plus câline (vv. 501-512) comme Syroès a un style plus vigoureux (vv. 328-346).

Le style de *Cosroès*, cependant, n'est pas entièrement sans défaillances. En particulier, les scènes où figure Narsée se distinguent par l'emploi de tournures conventionnelles qui servent bien à traduire les sentiments un peu stéréotypés qu'exprime et qu'inspire la moins réussie des héroïnes de Rotrou. Malgré les talents exceptionnels de l'auteur, son écriture théâtrale n'a pas résisté aussi bien à l'épreuve du temps que celle des meilleures pièces de Corneille et de Racine. En 1705, Bernin de Valentiné, sieur d'Ussé, a essayé de donner à notre tragédie un regain de vie à la scène, grâce à une importante révision du texte (73). Non seulement il a éliminé la folie de Cosroès et le rôle intégral de Narsée, mais il a apporté au texte un assez grand nombre de retouches stylistiques; celles-ci sont parfois heureuses, mais montrent le plus souvent à quel point le goût un peu mièvre du début du XVIIIe siècle pouvait être choqué par la verdeur et le pittoresque du 'vieux Rotrou' (74). Si nous préférons aujourd'hui l'état primitif du texte à la version édulcorée du réformateur, c'est parce que nous aimons conserver le vrai visage d'un écrivain exceptionnellement doué et qui, même s'il a imité Corneille et préfiguré Racine, a bien su, pendant sa période de pleine maturité que représente *Cosroès*, acquérir et conserver une manière théâtrale fort originale.

---

73   *Cosroès, tragédie*, par M. de Rotrou.   Nouvellement remise au Théâtre (Paris, Ribou, 1705).   Réimprimée avec quelques retouches supplémentaires en 1737 au t. II du *Théâtre françois ou recueil des meilleures pièces de Théâtre*, Paris, Gandouin et al.

74   Pour une analyse des corrections faites par d'Ussé, voir l'article de A. L. Stieffel, ci-dessus, note 8, pp. 155-165.

NOTE SUR LE TEXTE

Il n'existe de *Cosroès* que deux éditions publiées du vivant de Rotrou:
une édition in-4 donnée par l'édteur parisien Antoine de Sommaville,
avec privilège du 27 septembre 1649 et achevé d'imprimer du Ier
décembre; et un petit in-12 publié la même année par les Elzevier à La
Haye. Ni l'un ni l'autre de ces textes ne fait véritablement autorité:
les deux éditions abondent en leçons absurdes et en fautes d'impression.
Il est évident que l'auteur n'en avait pas revu les épreuves; il l'avoue
d'ailleurs, en ce qui concerne sa comédie de *Clarice*, dans un avis *Au
Lecteur* publié en 1642. On découvre, en comparant ces deux textes, des
divergences curieuses qui semblent suggérer l'existence de deux
manuscrits différents auxquels l'auteur - ou l'éditeur - aurait fait
des retouches ou des additions à des moments divers. On y relève
notamment une dizaine de passages, d'une longueur variable, qui ne
figurent que dans une seule des éditions de 1649, ou qui ont été
transposés, dans l'autre, à un endroit différent du texte (1). Le
dénouement en particulier est plus étendu et plus dramatique dans
l'édition Sommaville (2). En outre, on constate en comparant les textes
de Paris et de La Haye une remarquable diversité d'indications
scéniques.

Dans ses deux éditions successives de *Cosroès*, J. Scherer a suivi
deux voies assez différentes. Dans l'édition qu'il avait préparée en
1950 pour la Société des Textes Français Modernes, il décrivait ainsi sa
méthode: "utiliser ces éditions comme des témoignages à partir desquels
nous tenterons du reconstituer le texte original, que nous ne
connaissons pas". Dans les cas où les leçons des deux éditions lui
semblaient également plausibles, Scherer admettait 'une légère
présomption' en faveur de celle de Paris (3). En revanche, dans
l'édition Pléiade de 1975, il a préféré reproduire le plus souvent
possible le texte de l'édition Sommaville, en y introduisant les
corrections nécessaires et en y insérant tous les vers de l'édition
hollandaise qui y manquaient, y compris un quatrain qu'il avait relégué
dans une note dans l'édition S.T.F.M. (4). Conformément aux habitudes
de la Bibliothèque de la Pléiade, l'orthographe et la ponctuation
avaient été modernisées.

---

(1)   Voir les vv. 289-296, 599-610, 1023-1026, 1179-1186, 1217-1228,
      1247-1250, 1275-1280, 1363-1366, 1473-1476, 1531-1534, 1575-1578,
      et les variantes.

(2)   Voir les vv. 1697-1725 et les variantes.

(3)   *Ed. cit.*, pp. xl-xli.

(4)   Voir les vv. 1575-1578.   Il en résulte que le texte de l'édition
      S.T.F.M. a quatre vers de moins (1738) que celui de l'édition
      Pléiade (1742).

C'est cette dernière méthode que nous avons préféré adopter ici:
nous suivons le texte de l'édition Sommaville, en y ajoutant les
corrections indispensables, mais sans le moderniser.   Au contraire,
nous reproduisons avec le plus de fidélité possible la ponctuation et
l'orthographe originales. Nous avons cependant cru devoir en éliminer
les pires incohérences, de même que certains usages qui risquent de trop
dérouter le lecteur d'aujourd'hui: c'est ainsi que nous avons imposé
partout la distinction moderne entre i et j, u et v, a et $\grave{a}$, ou et $o\grave{u}$.
En particulier, nous avons presque constamment allégé la ponctuation de
l'édition Sommaville: celle-ci se caractérise par une épidémie de
virgules qui ne facilitent aucunement l'intelligence du texte.   Nous
avons cependant conservé un certain nombre de ces virgules là où leur
présence n'est pas inadmissible aujourd'hui, car elles nous semblent
remplir une fonction rhétorique sinon grammaticale.   Tous les emprunts
que nous avons faits au texte de l'édition Elzevier ont été signalés par
des crochets.   Dans notre relevé des variantes, les deux éditions de
1649 sont désignées, comme dans l'édition S.T.F.M., par les sigles S
(Sommaville) et E (Elzevier).   Dans les rares cas où nous avons adopté
ou noté une correction proposée par l'éditeur Viollet-le-Duc en 1820, ce
fait est annoncé par le sigle V. Nous avons omis de signaler un certain
nombre de variantes manifestement fautives et sans aucun intérêt.

BIBLIOGRAPHIE

A.   EDITIONS DE *COSROES*.

1649   COSROES/ TRAGEDIE/ DE/ MONSIEUR DE ROTROU/ A Paris/ Chez
        ANTHOINE DE SOMMAVILLE/ Au Pallais, en la petite Salle des
        Merciers,/ à l'Escu de France./ MDCXXXXIX. 2 ff. non paginés –
        112 pp. in-4.
        [Bibl. Nat. Yf. 361; Yf. 474; 4. Yth. 964; Rés. Yf. 362; Rés. p.
        Yf. 38.   Arsenal: Rf. 5.330 (3); Rf. 7.064; 4. BL   3684 (1).
        British Library: 85.i.11 (5)]   [S]

1649   COSROES/ TRAGEDIE/ DE/ Mr DE ROTROU./ A La Haye [Leyde, B. et A.
        Elzevier] MDCXLIX. 69 pp. in-12.
        [Bibl. Nat. 8. Yth. 30615]   [E]

1705   In: *Théâtre françois, ou Recueil des meilleures pièces de théâtre
        des auteurs anciens*. Paris, Ribou, 1705, in-12, t. I.
        [Bibl. Nat. Yf. 4870. Deux exemplaires détachés: 8. Yth. 4096,
        Rés. Yf. 3691]

1705   COSROES/ TRAGEDIE./ Par feu M. de Rotrou./ Nouvellement remise au
        Théâtre. [retouchée par Bernin de Valentiné, sieur d'Ussé.]
        Paris, Ribou, 1705, in-12, vi–58 pp.
        [Bibl. Nat. 8. Yth. 4097]

1737   [même version, avec quelques modifications supplémentaires] In:
        Théâtre françois, ou recueil des meilleures pièces de Théâtre.
        Paris, Gandouin, Nyon Pere, Valleyre, Huart, Nyon Fils, et
        Clousier. 1737, 12 vol. in-12, t. II.

1820   In: *Œuvres de Jean Rotrou*, éd. Viollet-le-Duc. Paris, Desoer,
        1820, 5 vol. in-8, t. V.   [V]

1882   In: Rotrou, *Théâtre choisi*, éd. L. de Ronchaud. Paris, Librairie
        des Bibliophiles, 1882, 2 vol. in-16, t. II.

1883   In: Rotrou, *Théâtre choisi*, éd. F. Hémon.   Paris, Laplace, s.d.
        [1883], in-8. (édité ensuite chez Garnier)

1950   Rotrou, *Cosroès*, Tragédie.   Edition critique publiée par J.
        Scherer. Paris, Didier, 1950, xliii–137 pp. (Société des Textes
        Français Modernes)

1975   In: *Théâtre du XVIIe siècle*. Textes choisis, établis, présentés
        et annotés par Jacques Scherer. Paris, Gallimard, Bibliothèque
        de la Pléiade, t. I (1975), pp. 1075-1137 et 1362-1376 (notes et
        variantes).

B. OUVRAGES CONSULTES.

BRERETON, Geoffrey, *French Tragic Drama in the Sixteenth and Seventeenth centuries*. Londres, Methuen, 1973.

BUTLER, Philip, *Classicisme et baroque dans l'œuvre de Racine*. Paris, Nizet, 1959.

CHERPACK, Clifton, *The Call of Blood in French Classical Tragedy*. Baltimore, Johns Hopkins Press, 1958.

DAWSON, F. K., *'Cosroès', Nottingham French Studies*, XIII, 1974, 3-11.

JARRY, Jules, *Essai sur les œuvres dramatiques de Jean Rotrou*. Lille-Paris, 1868.

KNIGHT, Roy C., *'Cosroès* and *Nicomède'* in: *The French Mind: Studies in Honour of Gustave Rudler*. Oxford, Clarendon Press, 1952, pp. 53-69.

LANCASTER, Henry Carrington, *A History of French Dramatic Literature in the Seventeenth Century*. Baltimore, Johns Hopkins Press, 1929-1942, 9 vols.

LOCKERT, Lacy, *Studies in French-Classical Tragedy*. Nashville, 1958.

MOREL, Jacques, 'Les Criminels de Rotrou en face de leurs actes', in: J. Jacquot (éd.), *Le Théâtre tragique*. Paris, C.N.R.S., 1965, pp. 225-237.

MOREL, Jacques, *Jean Rotrou, dramaturge de l'ambiguïté*. Paris, Armand Colin, 1968.

MORELLO, J., *Jean Rotrou*. Boston, Twayne, 1980.

NELSON, Robert J., *Immanence and Transcendence: the Theater of Jean Rotrou*. Ohio State University Press, 1969.

ORLANDO, Francesco, *Rotrou dalla tragicommedia alla tragedia*. Turin, Bottega d'Erasmo, 1963.

RIDDLE, Lawrence Melville, *The Genesis and Sources of Pierre Corneille's Tragedies from Médée to Pertharite*. Baltimore-Paris, Johns Hopkins Press - Presses Universitaires de France, 1926.

STIEFEL, A. L., 'Jean Rotrous *Cosroès* und seine Quellen', *Zeitschrift für französische Sprache und Literatur*, XXIII, 1901, 69-188.

SCHERER, Jacques, *La Dramaturgie classique en France*. Paris, Nizet, 1950.

STONE, Donald, Jr., 'Tragedy in *Cosroès'*, *Modern Language Review*, LVI, 1964, 295-300.

XXXVIII

VAN BAELEN, Jacqueline,   *Rotrou, le héros tragique et la révolte.*
    Paris, Nizet, 1965.

WATTS, Derek A.,   'Rotrou's Problematical Tragedies' in: *Form and Meaning: Aesthetic Coherence in Seventeenth-Century French Drama. Studies presented to Harry Barnwell.* Avebury, 1982, pp. 75-91.

'*Cosroès* - A Providential Tragedy?', *Papers in Seventeenth-Century French Literature*, XIX, 1983, 589-615.

COSROES

TRAGEDIE

DE

MONSIEUR DE ROTROU

A PARIS

Chez ANTHOINE DE SOMMAVILLE,
Au Pallais, en la petite Salle des Merciers,
à l'Escu de France.

M. DC. XXXXIX.

Avec Privilege du Roy.

ACTEURS

[COSROES, Roy de Perse.

SYROES, son fils de sa premiere femme.

MARDESANE, son fils de Syra.

SYRA, Reyne de Perse.

NARSEE, Maistresse de Syroés.

PALMYRAS, satrape.

PHARNACE, satrape.

SARDARIQUE, Capitaine des Gardes.

ARTANASDE, viel affranchy de la Reyne.

HORMISDATE, sœur d'Artanasde.

GARDES.

La Scene est dans le Palais de Persepolis.]

Nous reproduisons le texte de E. Voici celui de S:

COSROES, Roy de Perse.
SYRA, Reyne de Perse.
SYROES, fils du Roy de Perse.
NARSEE, femme de Syroës.
MARDESANE, fils de Cosroës et de Syra.
SARDARIGUE, pere de Narsee.
PALMYRAS.
PHARNACE.
SATRAPES.
GARDES.

La Scene est au Palais du Roy de Perse.

C O S R O E S

TRAGEDIE

A C T E   P R E M I E R

SCENE   PREMIERE

SYRA, SYROES.

SYRA.

Quoy! vous, contre mon fils! vous, son indigne frere!
Vous insolent!

SYROES.

Madame, un peu moins de colere!

SYRA.

Et me comprendre, encor, dans vostre differend!

SYROES.

Je vous honore en Reine, et l'estime en parent.
5   Mais s'il forge un fantosme, afin de le combattre ...

SYRA.

Je sçauray bien, perfide;

SYROES.

Ha! cruelle Marastre!

SYRA.

A qui luy deplaira, faire perdre le jour,
Et contre qui le hait, luy monstrer mon amour.

Var: 3 C'est me comprendre encor dans vostre differend. E
      6 SYROES, *à part*   V

6

Madame, quand le sang, qui me le rend si proche,
10 Ne me laveroit pas d'un semblable reproche;
Pour sçavoir a quel point je le dois respecter,
Il suffit de l'amour qu'on vous luy voit porter,
Il suffit qu'en ce fils nous voyons vostre image,
Et que nous ne pouvons luy rendre assez d'hommage;
15 De ces raisons aussi me faisant une loy,
J'ay pour luy le respect qu'il deust avoir pour moy.

SYRA.

Luy pour vous!

SYROES.   [p. 3]

Oüy, pour moy! l'humeur ou je vous treuve,
Fait de ma patience une trop rude espreuve;
Et vostre Majesté, parlant sans passion,
20 Loüeroit ma retenue, & ma discretion;
Mon pere est Cosroës, ma mere fut Princesse,
Et le degré de l'age, & le droit de l'aisnesse,
Et ce que pour l'Estat j'ay versé de mon sang,
Sur luy, sans vanité, m'acquierent quelque rang,
Et mettent entre nous assez de difference,
Pour devoir l'obliger à quelque deference;
25 Mais, Madame, cessons cet indigne entretien;

SYRA.

Comparez vous le sang d'Abdenede, et le mien?

SYROES.

Je sçay que sa naissance, a la vostre inegale,
30 Ne se peut pas vanter d'une tige Royale;
Et qu'avant que la Perse obeït a vos loix,
Vous estiez desja sœur, fille & veufve de Rois.
Mais en fin devant vous, vous sçavez que ma mere,
Possedoit la puissance & le cœur de mon pere,
35 Et cet honneur, sans doute, est le plus glorieux,
Qui sur vous aujourd'huy fasse jetter les yeux;   [p. 4]

SYRA.

Quand il m'a partagé l'esclat qui l'environne,
J'ay dans son alliance aporté ma Couronne;
J'en acheptay chez luy le degré que j'y tiens,

_____

Var: 16 J'ay pour luy les respects qu'il deust avoir pour moy. E

Et j'ay, comme mes jours, joinct mes Estats aux siens,
Je luy deubs sembler belle, avec un Diadesme,
Abdenede avec luy n'apporta qu'elle-mesme;
Et le tresor encor n'estoit pas de grand prix.

SYROES.

Il faut bien du respect, à souffrir vos mespris!

SYRA.

Vous vous plaindrez encor apres vostre insolence!

SYROES.

Vous ne sçauriez parler, qu'avecques violence!
Cette fureur sied mal au rang que vous tenez.

SYRA.

Il sied bien de ranger des esprits mutinez;
J'ay raison de vanger mon sang de vos outrages;
Et gardez de me faire esclaircir vos ombrages.   [p. 5]

SYROES.

Je sçay qu'il ne tient pas à chocquer mon credit
Que l'espoir de l'Estat ne me soit interdit,
Et que si contre moy mon pere vous escoute,
Ma ruine bien tost esclaircira mon doute;
Par le bien qu'il vous veut, sur qui vous vous fiez,
Vostre fils, sur le trosne, a desja l'un des pieds;
Et bien tost par vostre aide il y porteroit l'autre,
Si son ambition respondoit à la vostre;
Mais dans ce grand project, à quoy vous l'occupez,
Il prevoit le peril des trosnes usurpez;
A leurs superbes pieds, il voit des precipices,
Et sçait que des Tyrans on faict des sacrifices,
Il sçait qu'il est au Ciel un Maistre souverain,
Qui leur oste aisement le sceptre de la main;
Et dont le foudre est faict pour ce genre de crimes,
Pour tomber en faveur des Princes legitimes;
Le crime luy plairoit, mais la punition
Luy faict fermer l'oreille à vostre ambition.
C'est bien vous declarer, et nous jurer la guerre,
Que de nous menacer du Ciel et de la terre;
Nous verrons quel effet nous en succedera,

---

55 Par son aveugle amour sur qui vous vous fiez,   E

57 Et bien tost par vostre aide il y portera l'autre,   E

8

Mais je periray, traistre, ou mon fils regnera;

(*S'en allant, elle rencontre Mardesane et s'arreste.*)

SYROES *Touchant son espée, dit hautement* [p. 6]

Il faut donc que ce fer me devienne inutile,
Ce cœur sans sentiment, & ce bras immobile.

SCENE DEUXIESME

MARDESANE, SYROES, SYRA.

MARDESANE *avec le baston de General d'armée.*

75 Quel trouble, Syroés, émeut vostre courroux,
Quoy? la main sur l'espée! Et la Reine avec vous!
Dieux!

SYROES.

J'y portois la main, mais sans aucune envie,
Que ...

SYRA *s'en allant furieuse.*

Que de simplement attenter sur ma vie;

SYROES.

Soleil, pour qui nos cœurs n'ont point d'obscurité,
80 Juge & tesmoin commun, tu sçais la verité,
Et tu la soustiens trop, pour laisser impunie
Une si detestable & noire calomnie;

MARDESANE.

Estois-je le sujet de vostre differend?

SYROES.

Elle m'entretenoit des soins qu'elle vous rend;
85 Qui dessus vostre front, vont mettre la couronne. [p. 7]

Var: 72-73 *S'en allant, elle rencontre Mardesane et l'arreste.* E
SYROES *touchant son espée.* E

74-75 MARDESANE *avec le baston de General.* E

81 Et tu la cheris trop, pour laisser impunie E

MARDESANE.

Vous peut-on despouïller du droit qui vous la donne?

SYROES.

Je luy monstrois ce fer comme mon deffenseur,
Si vivant, j'en voyois un autre possesseur.

MARDESANE.

N'estions-nous pas d'accord, touchant cette querelle?

SYROES.

90   Je l'estois avec vous, mais non pas avec elle;
Et son ambition, si son credit n'est vain,
Vous mettra malgré vous le sceptre dans la main;
Mais ne souhaitez pas, qu'elle vous reüssisse;
Elle ne vous peut rendre un plus mauvais office,
95   Et je fais plus pour vous, de vous en detourner,
Qu'elle de vous l'offrir, & de vous couronner.

MARDESANE.   [p. 8]

Vous inquietez-vous du Zele d'une mere,
Qui de ce vain espoir, ayme à se satisfaire?
Laissez la se flatter de ces illusions,
100 Se plaire, à se forger de belles visions:
A nourrir un beau songe, & l'en laissant seduire,
Mocquez-vous d'un dessein, qui ne peut rien produire;
Et vous en reposant, sur ce que je vous doy,
En elle respectez la passion du Roy:
105 Espargnez sa furie, & l'ennuy qui l'accable,
Qui de tout autre soing le rendent incapable,
Et font qu'en son chagrin tout l'irrite, & luy nuit.

SYROES.

J'ay pour luy des respects, dont j'obtiens peu de fruict,
Mais que j'acquierre, enfin, son amour ou sa haine,
110 Il faut laisser agir le credit de la Reine,
Et prendre advis du temps, & des evenements.

Var: 104 En elle respectez la passion d'un Roy, E

      110 Il faut laisser agir le couroux de la Reine, E

MARDESANE.

Vous gardez vos soupçons, et moy mes sentiments.
Et j'estime trop peu l'esclat d'une couronne,
Pour me gesner l'esprit du soing qu'elle vous donne,
115   Ce n'est qu'un joug pompeux, le repos m'est plus doux;

SYROES.

Vous n'avez rien à faire, on travaille pour vous;   [p. 9]
Et vous pouvez juger, si l'Empire a des charmes,
Par ceux que vous treuvez, à commander nos Armes;
Ce Baston, que le Roy vous a mis à la main,
120   Desja sur les soldats vous a fait souverain;
Mais quand un peu de temps vous aura faict conaistre,
Par son authorité le plaisir d'estre maistre,
Et de voir soubs ses [loix] tout un Estat rangé,
Il vous plaira bien mieux en un sceptre changé,
125   Et l'essay que par luy vous ferez de l'empire,
Vous conduira sans peine où vostre Mère aspire,
Vostre consentement ne luy desniera rien.

MARDESANE.

C'est vostre sentiment, & ce n'est pas le mien;
Non que je ne me sente, & d'ame, & de naissance,
130   [Capable] d'exercer cette illustre puissance;
Mais quelque doux esclat qu'ait un Bandeau royal,
Il ne me plairoit pas, sur un front desloyal;
L'Europe, si feconde en puissances supresmes,
Offre au sang qui m'anime assez de Diadesmes,   [p. 10]
135   Pour perir noblement, ou pour n'en manquer pas,
Quand ils auront pour moy d'assez charmants appas;
Mais faictes tousjours fonds de vos intelligences;
Pratiquez vos amis, preparez vos vengeances;
Ouvrez-vous, faites-vous un party si puissant,
140   Qu'il fasse évanouir ce fantosme naissant,
Ce pouvoir usurpé, ce regne imaginaire,
Que vous n'excusez pas de l'amour d'une mère.

Var: 119 Ce Baston que le Roy vous a mis dans la main,   E

123 Texte de E. Et de voir sous ses voix tout un Estat rengé,   S

130 Texte de E. Capables d'exercer cette illustre puissance,   S

131 Mais quelque auguste esclat qu'ait un bandeau royal,   E

136 Quand il auroit pour moy d'assez charmants appas   E

Puisque vous le voulez, il l'en faut excuser,
Et dessus vostre foy, j'ose m'en reposer;
145 Mais (& de cêt avis, conservez la memoire)
Si m'ayant, sur ce gage, obligé de vous croire,
De son ambition goustant mieux les appas,
Vous vous laissez gaigner, ne me pardonnez pas;
Et pour bien establir l'heur qu'elle vous destine,
150 Avant vostre fortune, asseurez ma ruïne;
Ostez-vous tout obstacle, & de mon monument,
A mon trosne usurpé, faites un fondement;
Lavez-le de mon sang, avant que d'y paraistre,
Sinon, n'esperez pas estre longtemps mon maistre;

MARDESANE, *voyant Palmyras.*   [p. 11]

155 Il est bien malaisé de vous dissuader!
Palmyras, qui me voit, n'ose vous aborder,
Et comme vous encor m'impute sa disgrace;

Il dit à Palmyras.

Entrez, je me retire, & vous cede la place;
Je vous suis importun.

SCENE TROISIEME

PALMYRAS, SATRAPE, SYROES.

PALMYRAS.

C'est mal me la ceder,
160 Que briguer mes employs, & m'en deposseder;
Mais, puis que Syra regne, ay-je lieu de me plaindre!
Que puis-je esperer d'elle, ou que n'en dois-je craindre?
Le courroux d'une femme est longtemps à dormir,
Et mon foible credit creut en vain s'affermir,
165 Et vaincre les efforts, qui le pouvoient abbatre,
Ayant pour subsister, une femme à combattre.

Var: 154-155 *voyant venir Palmyras.*   E

157-158 *A Palmyras, s'en allant*   E

164   Et mon foible credit craint en vain s'affermir,   E

Son hymen, dont j'ozay contester le dessein,
M'avoit couvé longtemps ce project en son sein;   [p. 12]
Et quand elle peut tout, quand elle est souveraine,
170   Enfin l'occasion fait esclatter sa haine;
Ce trait est un advis, Prince, qui parle à vous,
Craignez par mon exemple, & destournez ses coups,
Proffitez de ma cheutte, elle vous doit instruire,
Et sage, destruisez ce qui vous peut destruire;
175   Sinon, jusques sur vous, ce foudre éclattera;

                    SYROES *resvant et se promenant.*

Mais, je periray traistre, ou mon fils regnera;
Qu'ay-je à deliberer, apres cette menace!
Quoy, Mardesane au trosne occupera ma place!
Et l'orgueil de sa mere abusant à mes yeux
180   De l'esprit alteré d'un pere furieux,
Par l'insolent pouvoir, que son credit luy donne,
Sur quel front luy plaira, fera choir ma Couronne?
Quel crime, ou quel deffaut, me peut-on reprocher,
Pour disposer du Sceptre, et pour me l'arracher?
185   Ma mere, ma naissance, en estes-vous coupables,
D'un sort si glorieux sommes-nous incapables?
Veut-on apres vingt ans, jusques dans le tombeau,
Soüiller une vertu, dont l'eclat fut si beau;
Non, non, le temps ma mere, avecques trop de gloire,
190   Laisse encor dans les cœurs vivre vostre memoire,
C'est un exemple illustre, aux siecles à venir,   [p. 13]
Que la hayne respecte, & ne sçauroit ternir;
Mon crime est seulement l'orgueil d'une marastre,
Dont un fils est l'idole, un pere l'idolastre;
195   Et l'hymen, qui l'a mise au lit de Cosroës,
D'un droit hereditaire, exclud seul Syroës.
Celestes protecteurs des puissances supremes,
Vous, Dieux, qui presidez au sort des Diadesmes;
Souverains partisans des interests des Roys,
200   Soustenés aujourd'huy l'authorité des loix,
Et d'un tyran naissant destruisant l'insolence,
Affermissés l'appuy d'un trosne qui balance;

                    PALMYRAS.

Mais soustenez-le, Prince, & prestez-y le bras;
Le Ciel est inutile, à qui ne s'ayde pas;
205   Quand vous pouvez agir, espargnez le tonnerre,
Avant l'ayde du Ciel, servez vous de la terre;
Usez de vos amis, de vous mesme, & du temps;
Et donnés seulement un chef aux mescontents.

_____

Var: 196 D'un trosne hereditaire exclud seul Syroés.   E

Sans peine, vous verrez vostre ligue formée,
210 De ce nombre, desja comptez toute l'armée;
A qui la paix, deux fois refusée aux Romains,
Fait d'un juste despit, choir les armes des mains;
Et qui me preferant, au chef que l'on envoye,
Sous main embrassera mes ordres avec joye; [p. 14]
215 Des Satrapes encor, tout le corps irrité,
S'offre à prester l'espaule à vostre authorité;
Et tous unis, pour nous, de mesme intelligence,
Gardent encor à part leurs sujets de vengeance;
En la mort d'Hormisdas, les uns interressez,
220 De ce grand attentat, sont encore blessez,
Et verroient avec joye, & d'une ardeur avide,
Punir par un second, le premier parricide;
D'autres, depossedez de leurs gouvernements,
Attendent pour s'ouvrir, les moindres mouvements;
225 Et d'autres offensez, en leurs propres familles,
En l'honneur d'une femme, en celuy de leurs filles,
Trop foibles pour agir, jusqu'à l'occasion,
Dissimulent leur haine, & leur confusion;
Comme un Soleil naissant, le peuple vous regarde,
230 Et ne pouvant souffrir celuy qui vous retarde;
Deteste de le voir, si pres de son couchant,
Traisner si loing son âge imbecille & penchant.
Son esprit agité du meurtre de son pere,
Dedans sa resverie, à tout propos s'altere,
235 Et ne possedant plus un moment de raison,
Ne luy laisse de Roy que le sang & le nom.
Le credit d'une femme en a tout l'exercice,
Toute la Perse agit & meut par son caprice;
Et bien tost, par son fils, qu'elle va couronner, [p. 15]
240 En recevra les loix, que vous devriés donner.
Juge en vostre interest, rendez-vous la Justice,
Ravissez vostre bien, qu'on ne vous le ravisse.
Qui peut insolemment pretendre à vostre rang,
Par le mesme attentat, en veut à vostre sang;
245 La Reyne, qui vous craint, a trop de Polytique,
Pour laisser un appas à la hayne publique;
Et vous chassant du trosne, oser vous épargner;

Var: 209 Vous verrez sans grand soing vostre ligue formée, E

217 Et tous unis pour vous, de mesme intelligence, E

225 Et d'autres outragez, en leurs propres familles, E

240 On revera [*sic*] les loix que vous devez donner. E

241 Juge en vostre interest, rendez vous donc Justice, E

14

         Il faut absolument, ou perir, ou regner.
         Avoués seulement les bras qu'on vous veut tendre,
250   Quand on peut prevenir, c'est foiblesse d'attendre;
         Tout le credit du Roy, de son trosne sorty,
         Ne s'estendra jamais à former un party;
         Contre tous ses desseins, la Perse souslevée,
         Estallera sa hayne, & publique, & privée,
255   Vengera ses Palais, & ses forts embrasés,
         Ses Satrapes proscripts, ses tresors espuisés,
         Et le sang, que sans fruict les legions Romaines,
         Et tant d'occasions, ont puisé de ses veines.

                         SYROES *resvant*.

         Laisser ravir un trosne est une lascheté,
260   Mais en chasser un pere est une impiété;

                         PALMYRAS.

         Que (pour vous l'enseigner) luy mesme a commise;   [p. 16]

                         SYROES.

         Par son exemple, helas! m'est-elle plus permise?
         Et me produira-t'elle un moindre repentir;

                         PALMYRAS.

         Vous ne l'en chassez pas, puis qu'il en veut sortir,
265   Ou que vostre marastre, à mieux parler, l'en chasse,
         Pour y faire à son fils, occuper vostre place;

                         SYROES.

         Il m'a donné le jour!

                         PALMYRAS.

                 Il donne vostre bien!

                         SYROES.

         Mais c'est mon pere enfin!

                         PALMYRAS.

                         Hormisdas fut le sien;
         Et si vous agissez d'un esprit si timide,   [p. 17]
270   Gardez d'estre l'objet d'un second parricide;

──────────────

Var: 262 L'offense par l'exemple est elle plus permise?   E

Qui n'a point espargné le sang dont il est né,
Peut bien n'espargner pas celuy qu'il a donné.

SYROES.

O dure destinée & fatale avanture,
J'ay pour moy la raison, le droict & la nature;
275 Et par un triste sort, à nul autre pareil,
Je les ay contre moy, si je suy leur conseil,
Du sceptre de mon Pere, heritier legitime,
Je n'y puis aspirer sans un énorme crime.
Coupable je le soüille, innocent je le perds.
280 Si mon droit me couronne il met mon pere aux fers;
Et de ma vie, enfin, je hazarde la course,
Si mon impieté n'en espuise la source;
O mon pere, ô mon sang, ne vous puis-je espargner!
Ne puis-je innocemment ny vivre, ny regner!
285 Et ne puis-je occuper un trosne hereditaire,
Qu'au prix de la prison, ou du sang de mon Pere.

PALMYRAS.

Je voy qu'il faut, Seigneur encor quelques moments,
A vostre pieté, laisser ses sentiments.

SYROES.
[Que peut contre Syra le courroux qui me presse,
290 Si j'adore en sa fille une auguste Princesse,
De qui l'auctorité peut rompre mes desseins,
Et faire à ma fureur choir les armes des mains,

PALMYRAS.

Quoy vous aymez Narsée.

SYROES.

Ouy Prince, je l'adorre,
Nostre amour est secrette & la Reyne l'ignore,
295 Mais un feu mutuel consomme nos esprits,

PALMYRAS.

Regnez & de vos veux je vous promets le pris,]
Mais que vous veut Pharnace, il vous sert avec Zele.

_____

Var: 289-296 Ces vers manquent dans S et ne figurent que dans E.

SCENE QUATRIESME

PHARNACE, SYROES, PALMYRAS.

PHARNACE *estonné*.

O dieux! du Camp, Seigneur, sçavez-vous la nouvelle?

SYROES.

Quelle!

PHARNACE *regardant autour de soy*.

Qu'on vous trahit, & que le Roy pretend;
300   Mais ...

SYROES.

Parlés, sans rien craindre, aucun ne nous entend.

PHARNACE.

Au mespris de vos droits, & de la loy Persane,
A la teste du Camp, couronner Mardesane.

PALMYRAS.   [p. 19]

Voyez si j'ay raison, Grand Prince, & si mon soin,
A d'un trop prompt advis, prevenu le besoin;
305   Mais quel effect, au Camp, produict cette adventure;

PHARNACE.

On a peine à le croire & chacun en murmure;
On tient ce bruit semé pour esprouver les cœurs,
En voir les sentiments, en sonder les ardeurs;
Mais il n'a dans pas un trouvé que de la glace;
310   C'est un bruit, toutesfois, Seigneur, qui vous menace,
Et ne doit point laisser languir vostre courroux;
Ainsi que l'équité, tous les cœurs sont pour vous;
Quoy que l'on dissimule, on ne peut voir sans peine,
Le Roy déferer tant à l'orgueil de la Reine,
315   Passer pour son suject & laisser lachement,
Reposer sur ses soins, tout le Gouvernement.
S'estonne-t-il (dit-on) si rien ne nous succede?
Tousjours, ou sa furie, ou Syra le possede;
Quel progrez feroit-il, furieux ou charmé?

_____

      308 En voir les sentimens, & sonder les ardeurs;   E

      319 Quels progrez feroit il furieux ou charmé,   E

320 Par l'une hors du sens, par l'autre desarmé.
Ce murmure assez haut, court par toute l'armée,
De son Chef, qu'elle perd, encor toute allarmée;

Monstrant Palmyras.

Et pour peu qu'on la porte à vous donner les mains,
Et que l'on veuille entendre au traité des Romains;   [p. 20]
325 Pour son Fils contre vous, la Reine en vain conspire,
Et ma teste, Seigneur, vous respond de l'Empire,
Où pour vous maintenir, tout l'Estat perira.

SYROES *resvant, & se promenant.*

Mais je periray, traistre, ou mon Fils regnera!
Oüy, oüy, qu'elle perisse, & nous, regnons, Pharnace,
330 Je ne consulte plus, après cette menace;
Si le trosne nous peut sauver de son couroux,
Fidelles confidents, je m'abandonne à vous;
Ouvrez-m'en le chemin, montons sur cet azile,
Rendez-moy son orgueil, & sa haine inutile;
335 Il faut pour conserver la Majesté des lois,
Oublier la nature, & maintenir nos droicts,
A moy-mesme, par eux, la Perse me demande,
En exclud Mardesane & veut que je commande;
Oüy Princes, oüy mes droicts, oüy Perse, oüy mon pays,
340 Vous voulez que je regne, & je vous obeys;
Je veux tenir de vous, le sceptre que j'espere,
Et contre vos advis ne cognois plus de Pere;
Mais je l'en veux tenir, afin de vous venger,
De me venger moy mesme & vous le partager,
345 A vous, dignes auteurs de cette noble audace,
Qui m'appelle à mon trosne, & m'y montre ma place.

PALMYRAS.   [p. 21]

Je cherchois Syroës, parmy tant de froideur,
Mais je le recognois, à cette noble ardeur;
C'est souz ce masle front, Seigneur, qu'il faut paraistre,
350 La Perse à ce grand cœur, recognoistra son Maistre;
Le besoin presse, allons; ne perdons plus de temps,
Praticquons-nous les Grands, gaignons les habitans,

Var: 322-323 L'indication scénique manque dans E.

327 Et pour vous maintenir, tout l'Estat perira.   E

327-328 SYROES (*se pourmenant & resvant*)   E.

332 Fidelles compagnons, je m'abandonne a vous   E

18

        Emploions nos amis, & la brigue formée,
        Observons Mardesane, ouvrons-nous à l'armée,
355   Et promettant d'entendre au traité des Romains,
        Interressons Emile, à nous prester les mains.

                    [*Fin du premier Acte.*]

A C T E I I

SCENE PREMIERE

COSROES, SYRA, SARDARIGUE, GARDES.

COSROES *furieux, suivy des autres.*

Noires divinitez, filles impitoyables,
Des vengeances du Ciel, ministres effroyables,
Cruelles, redoublez, ou cessez vostre effort,
360   Pour me laisser la vie, ou me donner la mort.
Ce corps n'a plus d'endroit, exempt de vos blessures,
Vos couleuvres n'ont plus où marquer leurs morsures;
Et de tant de chemins, que vous m'avez ouvers
Je n'en trouve pas un, qui me meine aux Enfers;
365   Ce n'est qu'en m'espargnant, que la mort m'est cruelle,
Je ne puis arriver, où mon pere m'appelle,
Achevez de me perdre, & dedans son tombeau,
Enfermez avec luy, son fils & son bourreau.

SYRA.

Chassez de vostre esprit, les soins melancholiques,
370   Qui monstrent à vos yeux, ces objets chymeriques;
C'est une illusion, dont ils sont effroyez,
Et vous ne voyez rien de ce que vous voyez;

COSROES. [p. 23]

Quoy, n'entendez-vous pas, du fond de cet abysme,
Une effroyable voix me reprocher mon crime;
375   Et me peignant l'horreur de cet acte inhumain,
Contre mon propre flanc, solliciter ma main?
N'appercevez-vous pas, dans cet espais nuage,
De mon Pere expirant la tenebreuse image,
M'ordonner de sortir de son trosne usurpé,
380   Et me monstrer l'endroit, par où je l'ay frappé;
Voyez-vous pas sortir de cet horrible gouffre,
Qui n'exhale que feu, que bithume, & que soulfre,
Un spectre descharné, qui me tendant le bras,
M'invite d'y descendre, & d'y suivre ses pas?
385   O dangereux poison, peste des grandes ames,
Maudite ambition dont je creus trop les flames,
Et qui pour t'assouvir, ne [peux] rien espargner,

Var: 383 Un spectre descharné, qui me tendant les bras, E

     387 Texte de E. Et qui pour t'assouvir, ne peut rien
         espargner, S

Que tu m'as cher vendu le plaisir de regner!
Pour atteindre à tes vœux, & pour te satisfaire,
390   Cruelle, il t'a fallu sacrifier mon Pere.   [p. 24]
Je t'ay d'un mesme coup, immolé mon repos,
Qu'un remords eternel traverse à tout propos;
Il te faut de moy mesme encor le sacrifice,
Et desja dans le Ciel, j'oy gronder mon supplice;
395   Et son funebre apprest, noircir tout l'horison.

Il se promene, & fait des signes de revenir en luy-mesme.

SARDARIGUE.

Cet accez a longtemps possedé sa raison.

SYRA.

Il cesse, & son bon sens recouvre son usage;
Bas;
De cette occasion il faut prendre advantage,
Et pressant son dessein sçavoir le temps precis,
400   Qui doit combler mes vœux, en couronnant mon fils.
                    On luy donne un siege.
Nourrirés-vous tousjours ce remords qui vous reste;
Si vous ne l'estouffez, il vous sera funeste;
De ce malheur, Seigneur, perdez le souvenir,
L'avoir gardé vingt ans, est trop vous en punir.

COSROES.

405   Tout l'Estat, où j'occupe un rang illegitime,
M'entretient cette idée, & me monstre mon crime;   [p. 25]
L'aversion du peuple, & celle des soldats,
M'est un tesmoing public de la mort d'Hormisdas;
Et plus que tout, helas! la fureur qui m'agite,
410   Quand elle me possede, à le suivre m'invite!
J'ay regret que ce mal vous couste tant de soings,
Et honte en mesme temps, qu'il vous ayt pour tesmoings,
Mais plus de honte, encor, de son enorme cause,
Qui fol, & parricide, à tout l'Estat m'expose.

Var: 390 Il t'a fallu d'abord sacrifier mon pere,   E

      392 Qu'un remords eternel traverse à tous propos;   E

      395 Ces funebres aprests noircissent l'horison   E

      400-401 *A Cosroes.*   E

      409 Et plus & plus que tout la fureur qui m'agite,   E

SYRA.

415 Tant que vous retiendrez les resnes de l'Estat,
Vous y verrés l'object qui fit vostre attentat;
Et vous ne pouvés voir ny sceptre, ny Couronne,
Sans vous ressouvenir, qu'un crime vous les donne;
Vostre repos, encor, souffre visiblement,
420 Du soing que vous prenez pour le gouvernement;
Vos ennuis de ce soing vous rendent moins capable,
Deposez ce fardeau, devant qu'il vous accable;
C'est un faix qu'il me faut deposer avec vous,
Mais je renonce à tout, pour sauver un espoux;
425 Déchargez vostre esprit de ce qui le traverse,
Cosroës m'est plus cher, qu'un Monarque de Perse;
Sans luy, je ne puis vivre, & vivant avec luy,
Je puis estre encor Reyne & regner en autruy;
La puissance qui passe en un autre nous-mesme,   [p. 26]
430 Laisse encor en nos mains l'autorité supresme;
Et nous ne perdons rien, lors que le mesme rang,
Quoy que souz d'autres noms, demeure à nostre sang.

COSROES.

J'ay trop d'experience, & j'ay trop veu de marques,
O genereux surgeon, & tige de Monarques,
435 De l'estroite union, que produisent nos feux,
Pour croire avec l'Estat devoir perdre vos vœux;
Je sçay que vostre amour s'attache à ma personne,
Qu'elle me considere, & non pas ma couronne;
Aussi depuis longtemps, le faix ne m'en est doux,
440 Que par l'honneur, qu'il a d'estre porté de vous;
Je n'en aime l'esclat que dessus vostre teste;
Je sçay combien j'en fis un[e] indigne conqueste;
Je ne puis me parer d'un ornement si cher,
Que je ne pense au front, d'où j'ozay l'arracher,
445 Et sçay, que sur le mien, tout ce qu'il a de lustre,
D'un enorme forfaict, n'est qu'une marque illustre;
Si vous le voulez donc, au front de vostre filz,
Je m'en prive avec joie, & je vous l'ay promis;
Je ne le puis garder par droict hereditaire,
450 Apres m'estre soüillé du meurtre de mon pere;

Var: 431 Et nous ne perdrons rien lors que le mesme rang,   E

434 O genereux surgeon & tige des Monarques,   E

442 Je sçay, combien j'en fis un indigne conqueste   S
Je sçay combien j'en fais une indigne conqueste   E

445 Je sçay que sur le mien tout ce qu'il a de lustre,   E

Mardesane en sera plus juste successeur,
Du bien de son ayeul faisons-le possesseur;   [p. 27]
Si l'acquisition en fut illegitime,
J'en ay joüy sans droit, la garde en est un crime;
455   Je le retiens à tort, comme à tort je le pris,
J'en despoüillay mon pere, & j'en frustre [mon] fils;
Ne consultons donc plus, Madame, allons élire,
A la teste du Camp, une teste à l'empire;
Tranquille, & déchargé d'un faix qui m'a lassé,
460   Je verray sans regret, en cét âge glacé,
Mon sceptre soustenu d'une main plus capable,
Et mon sang innocent, succeder au coupable;

SARDARIGUE.

Mais peut-il l'accepter, Seigneur, sans attentat
Contre le droit d'aisnesse, & la loy de l'Estat?
465   De mon zèle, Madame, excusés la licence,
Syroës a pour luy le droit de la naissance;
Voulez-vous voir armer la Perse contre soy
Et luy donner la guerre en luy donnant un Roy?
Songez à quels malheurs vous l'exposés en butte,
470   Un rang si relevé vaut bien qu'on le dispute;

SYRA.

Objet de nos encens, Soleil! tu m'es tesmoing,
Si l'interest d'un fils me produit aucun soing!   [p. 28]
Et si l'ambition qu'excite un Diadesme,
Pour en parer autruy, sortiroit de moy-mesme!
475   Vostre seul interest, Seigneur, m'en peut priver,
Je le perds sans regret quand il vous faut sauver,
Mais deposant ce faix, où vostre age succombe,
Voyez, sur qui des deux, il importe qu'il tombe;
L'interest de l'aisné, (vous vivant) est couvert,
480   Et son aisnesse, encor, n'a point de droict ouvert;
Un Roy qui fuit le soing, & dont l'age s'abaisse,
Peut dessus qui luy plaist reposer sa vieillesse,
Et pour faire en autruy considerer ses lois,
Donner à ses agents, la qualité de Roys.

Var: 456   Texte de E. J'en despouillay mon pere, & j'en frustre mes
fils   S

460   Je verray sans regret, en cet age cassé,   E

468   Et luy donner la guerre en luy donnant pour Roy,   E

476   Je le perds sans regret quand il faut vous sauver,   E

485 Syroës appuyé du droict qu'il peut pretendre,
Si-tost qu'il regnera, ne voudra plus dépendre;
Et vous croyant l'Empire avecques luy commun,
Vous serez à son regne, un obstacle importun;
Vous le verrez bien tost, s'il se sent l'advantage,
490 Esloigner les objects, qui luy feront ombrage;
Et je puis craindre pis, apres que ce matin,
Il eust, sans Mardesane, esté mon assassin;
Et que pour cet effet il a tiré l'espée.

COSROES.

O Dieux! que dites-vous!

SYRA.   [p. 29]

Il me m'a point trompée;
495 Comme il croit mon credit fatal à son espoir,
Il n'a jamais cessé de chocquer mon pouvoir;
Et pour toute raison, j'ay l'honneur de vous plaire,
Et la haine du fils naist de l'amour du Pere.
Que puis-je attendre donc de son authorité?

COSROES.

500 Je pourverray, Madame, à vostre seureté.

SYRA.

Eslevant Mardesane à ce degré supreme,
Vous regnerés (Seigneur) en un autre vous-mesme;
Souz le gouvernement, qu'il se verra commis,
Et l'Estat, & le Roy, tout vous sera sousmis;
505 Et pour vostre repos, dont l'interest nous touche,
Vos ordres seulement passeront par sa bouche;
Par luy vous regnerez, par vous il regnera,
Et ce seront vos loix, qu'il nous dispensera.
Le soing le regardant, la gloire sera nostre;
510 Je cognois sa vertu, c'est mon sang, c'est le vostre,
Dont vos chastes ardeurs ont honoré ce flanc,
Et que j'ose pleiger du reste de mon sang.   [p. 30]

COSROES.

Par les pleurs que je dois aux cendres de mon pere,
Par le char éclattant du Dieu que je revere,
515 Par l'âge qui me reste, & qu'il esclairera,
Mardesane, Madame, aujourd'huy regnera;

Var: 515 Par l'aâge qu'il me reste, & qu'il esclairera,   E

Je vous l'avois promis, & mon repos me presse,
Autant que mon amour, d'acquiter ma promesse;
Par forme, Sardarigue, assemblez le Conseil,
520 Mais du couronnement disposez l'appareil.

SARDARIGUE.

Où la Reine, Seigneur, semble estre interressée,
Je n'ose plus avant vous ouvrir ma pensée;
Mais ...

SYRA.

On n'a pas dessein d'en croire vos advis.

SARDARIGUE.

Ils n'ont point fait de tort, quand on les a suivis.
525 Et ce projet, Madame, est d'assez d'importance,
Pour ne le pas presser, avecques tant d'instance.
Si j'en prevoy l'issuë, elle doit aller loing.

COSROES.   [p. 31]

Je prendray vos conseils, quand j'en auray besoing.
Cependant, pour ne rien tenter à nostre honte,
530 Arrestez Syroës, & m'en rendez bon conte.

SARDARIGUE.

Si vous voulez (grand Roy) voir le peuple en courroux,
Le Camp, & tout l'Estat, soûlevez contre vous;
Imposez moy cet ordre, & faites qu'on l'arreste.

COSROES.

A ne pas obeyr, il va de vostre teste.

SARDARIGUE bas, *sortant avec ses Gardes.*

535 O Dieux, dont les decrets passent nos Jugemens,

Var: 521 Où la reine, Seigneur, parcist interessée,   E

523 Mais ... On n'a pas dessein d'en suivre vos advis.   E

525 Et ce dessein, Madame, est d'assez d'importance,   E

533-534 Texte de S. E ajoute: *Il sort.*

534-535 SARDARIGUE (*sortant dit bas.*)   E

535 Grands Dieux, dont les decrets passent nos jugemens,   E

Rendez vayne l'horreur de mes pressentimens!

                        SYRA.

Si les Grands écoutoient tout ce qu'on leur propose,
Ils ne resoudroient rien, & craindroient toute chose,
Le peuple parle assés, mais execute peu,
540 Et s'alentit bien-tost, apres son premier feu.
Un exemple en tout cas, à l'un des Chefs funeste,
En ces soulevements desarme tout le reste;

                    SCENE DEUXIESME   [p. 32]

            [MARDESANE, COSROES, SYRA, GARDES.]

                    COSROES, (à *Mardesane*.)

Venez, l'Estat lassé de ployer souz ma loy,
Et mon propre repos, nous demandent un Roy;
545 Prince, allons le donner, & consultez vos forces;

                    MARDESANE (*bas*.)

Funeste ambition, cache-moy tes amorces!

                    [COSROES.]

Mes jours, prests d'arriver à leur derniere nuit,
Et l'incommodité qui les presse & les suit,
Et qui bien-tost m'appelle au tribunal celeste,
550 Souffrent qu'à mon Empire apres ma mort je reste;
Les travaux & les soings, qui m'ont tant fait vieillir,
Ne peuvent toutesfois entier m'ensevelir;
Malgré l'effort du temps, & de mes destinées,
J'ay par qui prolonger ma gloire, & mes années,
555 Par qui las de regner, voir le regne suivant,   [p. 33]
Me le perpetuer, & renaistre vivant.
Par qui laissant l'Estat, en demeurer le Maistre;
Et c'est vous, Mardesane, en qui je veux renaistre;
C'est un prix que je dois à l'amour de Syra;
560 Soustenez bien le bras, qui vous couronnera,
Remplissez dignement le trosne, & nostre attente,
Et representez bien celuy qui vous presente.

Var: 542-543 Texte de E. S donne en outre: HORMISDATE.

      546 Fatalle ambition, cache-moy tes amorces!   E

      546-547 Le nom de Cosroès ne figure ici que dans E, ayant été omis
               par erreur dans S.

26

MARDESANE.

Je suis à vous, Grand Prince, & je serois jalous,
Qu'un autre eust plus de zele, & plus d'ardeur pour vous;
565 Je sçay ce que je dois à vostre amour extreme;
J'en ay le tesmoignage, & le gage en moy-mesme;
Et quand dès le berceau vous m'auriés couronné,
En me donnant le jour, vous m'avez plus donné;
A quoy donc puis-je mieux en employer l'usage,
570 Et destiner mes soings, qu'au soustien de vostre âge?
Occupez-les, Seigneur, j'en seray glorieux,
Le faix de vos travaux me sera precieux,
Mais, m'en donnant l'employ, demeurez-en l'arbitre,
Commettez le pouvoir, mais retenez le titre;
575 Ou, si vous despouillez le titre & le pouvoir,
Voyez qui justement vous en devez pourvoir.
Par la loy de l'Estat, le sceptre hereditaire,
Doibt tomber de vos mains, en celles de mon frere;   [p. 34]
Comblez-le des bontez, que vous avez pour moy.

COSROES.

580 La loy qu'impose un pere est la premiere loy;

SYRA.

Vains sentimens de mere, importune tendresse!
On reçoit vos faveurs avec tant de foiblesse!
J'ay mis au monde un fruict, indigne de mon rang!
Et ne puis en mon filz recognoistre mon sang!
585 Nourry si dignement, & né pour la province,
Il n'a pu contracter les sentiments d'un Prince;
Et l'offre qu'on luy faict, d'un pouvoir absolu,
Peut trouver en son sein un cœur irresolu.

MARDESANE.

D'un sang assez ardent, n'animez point les flames,
590 J'ay tous les sentimens, dignes des grandes ames,
Et mon ambition me sollicite assez,
Du rang que je rejette, & dont vous me pressez.
Un trosne attire trop, on y monte sans peine,
L'importance est de voir quel chemin nous y meine;
595 De ne s'y presser pas, pour bien-tost en sortir,
Et pour n'y rencontrer qu'un fameux repentir.

Var: 563 Tout mon sang est le vostre, & je serois jaloux,   E

586 Il n'a pu contracter des sentimens de Prince;   E

589 D'un sang assez ardent, n'allumez point les flames,   E

Si j'en ozois, Seigneur, proposer vostre exemple,
De cette verité, [la] preuve est assez ample;
Ce baston, sans un Sceptre, honore assez mon bras,
600 Grand Roy, par le Demon, qui preside aux Estats;
Par ses soings providens, qui font fleurir le vostre,
Par le sang de Cyrus, noble source du nostre;
Par l'ombre d'Hormisdas, par ce bras indompté,
D'Heraclius encor aujourd'huy redouté;
605 Et par ce que vaut mesme, & ce qu'a de merite,
La Reyne, dont l'amour pour moy vous solicite,
De son affection, ne servez point les feux,
Et sourd, en ma faveur, une fois à ses veux,
Souffrez-moy de l'Empire un mespris salutaire,
610 Et sauvez ma vertu de l'amour d'une mere;
Songez de quels perils vous me faictes l'object,
Si vostre complaisance approuve son project;
Les Grecs & les Romains, aux pieds de nos murailles,
Consomment de l'Estat les dernieres entrailles;
615 Et poussant jusqu'au bout leur sort toujours vainqueur,
En ce dernier azile, en attacquent le cœur;
Des Satrapes, mon frère a les intelligences,
Et cette occasion, qui s'offre à leurs vengeances,
Donne un pieux pretexte à leurs soulevemens,
620 Et va faire esclatter tous leurs ressentimens;
Un Palmyras, enflé de tant de renommée,
Desmis de ses emplois, & chassé de l'armée;
Un Pharnace, un Saïn, dont les peres proscripts,
D'une secrette haine anim[ent] les esprits;
625 Peuvent-ils negliger l'occasion si belle,
Quand elle se presente, ou plutost les appelle?
Si l'ennemy, le droict, les Grands, sont contre moy,
Au party malheureux, qui gardera la foy?
Par qui l'autorité, que vous aurez quittée,

Var: 598 Texte de E. De cette verité, sa preuve est assez ample; S

599-610 Ces vers ont été transposés entre 630 et 631 dans E.

605 Et par tout ce que vaut & ce qu'a de merite, E

617 De Satrapes, mon frere a les intelligences, E

624 Texte de E. D'une secretteᴄhaine animoit [sic] les esprits S

627 Si les Romains, le droict, les grands, sont contre moy, E

629 Par qui l'authorité, que vous avez quitté, E

630 Sera-t'elle en ce trouble, ou crainte, ou respectée?
Si pour donner des lois, il les faut violer?
En m'honorant, Seigneur, craignez de m'immoler;
Qui veut faire usurper un droit illegitime,
Souvent, au lieu d'un Roy, couronne une victime;
635 Et l'Estat est le Temple, & le Trosne l'Autel,
Où cette malheureuse attend le coup mortel.

COSROES.

Vous craignez de regner, faute d'experience,
Il y faut de l'ardeur & de la confiance;
Un sceptre, à le porter, perd beaucoup de son poids;
640 Vostre regne estably, justifiera vos droicts;
Des factieux, mon ordre a prévenu les ligues,
L'arrest de Syroës rompra toutes ses brigues;
Si quelque bruict s'esmeut, mon soing y pourverra;
Contre tous vos mutins, mon droit vous appuyra;   [p. 37]
645 Je puis sur qui me plaist reposer ma couronne;
Et pour toute raison, portez-la, je l'ordonne;

MARDESANE.

C'est un de vos presens, je ne puis le hayr;
Vous voulez que je regne, il vous faut obeyr.
Mais je monte à regret, asseuré de ma cheutte,
650 Et plaise au Ciel! qu'au sort, mes jours soient seuls en butte!

Parlant à Syra.

Hâ, Madame! quel fruict me produit vostre amour;

SCENE   TROISIEME

[SYROES, COSROES, MARDESANE, SYRA, GARDES]

SYROES.

Quel bruit s'esmeut, Seigneur, & s'espand à la cour!
Quelle aveugle fureur, quelle invincible haine,

Var: 643 Si quelque bruict s'esmeut, mon soing y pourvoira,   E

      647 C'est un de vos presens, je ne le puis hair,   E

      650-651 Cette indication manque dans E.

      651 Ha! Madame, quel fruict nous produict vostre amour.   E

      651-652 S donne en outre HORMISDATE; E omet SYRA, et le nom de
               Siroès en tête du premier discours.

Me faict tousjours l'objet des plaintes de la Reyne?
655 J'esprouve & j'apprends trop, combien vous l'estimez,
Pour manquer de respect à ce que vous aimez;   [p. 38]
Si ma mémoire en veut estre un temoin fidelle,
Elle sçait à quel point je vous honnore en elle;
Et j'aurois mille fois deû vaincre ses rigueurs,
660 Si les sousmissions s'acquerroient tous les cœurs.
S'il n'estoit messeant de vanter mes services,
Je luy pourrois citer, entre autres bons offices,
Le sang que me cousta le salut de son filz,
Naguere enveloppé, dans les rangs ennemis;
665 Prince, il vous en souvient; vous le sçavez, Madame!

MARDESANE.

Le souvenir m'en reste, au plus profond de l'ame.

SYRA.

Ce reproche est frequent, & nous l'apprend assez;
Mais je puis l'ignorer quand vous me menacez,
Et douter que pour luy, vous l'ayez deu repandre,
670 Alors que dans mon sein, vous le voulez repandre;

SYROES.

L'exploit seroit illustre, & bien digne de moy;
Et vous me mettriez bien, dans l'estime du Roy,
Si ce lasche rapport obtenait sa creance;
Mais en son sentiment, j'ay plus de confiance.

SYRA.

675 Le coup, dont Mardesane a diverty l'effort,   [p. 39]
Partoit d'une ame lasche, & non pas ce rapport.

SYROES.

Contre cette imposture, ô Ciel! pren ma deffence;

SYRA.

Vous voyez s'il profere un mot qui ne m'offense;

SYROES.

Votre fils, qui s'en taist, sert mal vostre desir;
680 Et ...

Var: 654 Me faict tousjours l'objet de plaintes de la Reyne?   E

661 S'il estoit messeant de venter mes services,   E

COSROES, *s'en allant*

Nous apprendrons tout, avec plus de loisir;

Sardarigue entre avec des Gardes.

Je fais un tour au camp, pour un soing qui m'importe;
Cependant, recevez l'ordre qu'on vous apporte,
Prince, c'est de ma part.

    La Reine regarde Syroès avec orgueil.

    MARDESANE, *suivant Cosroës.*

                    Perilleuse vertu!
Fatale obeissance! à quoy me resous-tu?

          SCENE QUATRIESME   [p. 40]

      SARDARIGUE, SYROES, [GARDES].

             SYROES.

685   Quel ordre, Sardarigue, avez-vous de la Reyne?
       Car le Roy n'agit plus, que pour servir sa haine;
       Et c'est elle qui parle, en tout ce qu'il prescrit;

            SARDARIGUE.

Hâ, Seigneur, redoutez ce dangereux esprit!

             SYROES.

Et vostre ordre!

            SARDARIGUE.

          Mon ordre est, que je vous arreste;
690   A n'y pas obeir, il y va de ma teste;
       Mais je n'ay pas si-tost, vos bienfaits oubliez,
       Et j'apporte ma teste, & ma charge à vos pieds.
       Issu du grand Cyrus, & de tant de Monarques,
       Prince, de vos ayeux, conservez-vous les marques;
695   Il est temps de paraistre, & temps de voir vos loix, [p. 41]

Var: 680, 680-681, 683 Toutes ces indications scéniques manquent
dans E.

684-685 Texte de E. Le mot GARDES manque dans S.

Dispenser les destins des peuples & des Rois;
Le Roy va dans le camp, proclamer vostre frere,
Destruisez son party, par un party contraire;
Si vous vous declarez, tous leurs projets sont vains;
700 Le sort vous aidera, mais prestez-luy les mains;
Il est temps d'arracher des mains d'une marastre
L'Estat qui vous appelle & qui vous idolastre;
Il n'est plus de respect, qui doive retenir,
La genereuse ardeur, qui vous doit maintenir;
705 Outre le Diadesme, il s'agit de la vie;
Tout le peuple est pour vous; tout le camp vous convie;
Au premier mandement, Pharnace, & Palmyras,
Des cœurs qu'ils ont gaignez, vous vont armer les bras;
Et pour vous tout l'Estat n'est qu'une seule brigue;

SYROES *l'embrassant.*

710 Et pour comble d'espoir, j'ay pour moy Sardarigue;
J'ay, pour me garantir d'un triste évenement
Le bras qu'on pretendoit en faire l'instrument.
Allons, lançons plustost que d'attendre la foudre,
Advisons aux moyens, dont nous devons resoudre;
715 Mais faites-moy regner, pour regner avec moy,
Et vous donner plustost un compagnon qu'un Roy.

[*Fin du second Acte*]

_____

Var: 704   La glorieuse ardeur qui vous doit maintenir.   E

      706   Tout le peuple est pour vous & le temps vous convie.   E

      708   Des cœurs qu'ils ont gaigné, vous vont armer les bras;   E

      712   Les bras, qu'on pretendoit en faire l'instrument.   E

      716   Faictez vous plustost un compagnon qu'un Roy.   E

      716-717   Ces mots manquent dans S et ne figurent que dans E.

ACTE III

[p. 42]

SCENE PREMIERE

SYRA, HORMISDATE.

SYRA.

Enfin, selon mes vœux, malgré la Loy persane,
Au trosne de Cyrus, j'ay placé Mardesane;
Palmyras, par mes soings, desmis de ses emplois,
720 N'a pû par son credit, m'en contester le chois;
Et j'ay mis en estat de ne luy pouvoir nuire,
Tous les interressez, qui le pouvoient destruire;
Par nos ordres, sur tout, Syroës arresté,
Ne peut mettre d'obstacle à nostre authorité;
725 Et Mardesane, enfin, successeur d'Artaxerce,
Regne, & fait aujourd'huy le destin de la Perse;

HORMISDATE.

Madame, pardonnez, si je vous le redy,
Vous venés d'achever un project bien hardy; [p. 43]
Vous cognoissez mon cœur, plaise aux Dieux que l'issüe
730 En soit telle, en effect, que vous l'avez conceuë.
Mais si mes sentimens ont chez vous quelque accez,
Je vois de grands perils, dedans ce grand succes;
Un Estat si zélé pour ses Roys legitimes,
Voir, sans y repugner, destruire ses maximes!
735 Voir un gouvernement, où tous ont interest,
Passer sans fondement, dans les mains qu'il vous plaist;
Et sans ressentiment, pouvoir souffrir des chaisnes,
Sur celles, qui par droit doivent tenir ses resnes!
Prendre sans bruict tel joug qu'il vous plaist luy donner,
740 C'est ce que ma raison ne peut s'imaginer.
Dans l'estourdissement, qu'excite une surprise,
On peut souffrir l'effect d'une grande entreprise;
Mais la considerant d'un esprit plus remis,

---

720 N'a pu par son credit en contester le choix.   E

723 Par mon ordre sur tout Syroés arresté,   E

738 Sur celles qui par droit doivent tenir les resnes;   E

741 Dans l'estourdissement que cause une surprise,   E

742 On peut souffrir l'effect d'une telle entreprise,   E

On destruit s'il se peut, ce que l'on a permis;
745   Un grand succes produict une grande disgrace,
      Et les choses bien-tost prennent une autre face;
      Le sort est inconstant, & le peuple est trompeur.

                    [SYRA].

      L'arrest de Syroës me leve cette peur,
      Et de ses Partisans a l'ardeur amortie.   [p. 44]
750   Mais ayant interest d'empescher sa sortie,
      Si mon repos t'est cher, & si de mes bienfaicts,
      Tu m'ozes aujourd'huy produire des effects,
      (Comme de cet espoir, mon amitié se flatte)
      Embrasse ma fortune, ô ma chere Hormisdate,
755   Et dans mes interests entrant aveuglement,
      D'un glorieux destin, fays-toy le fondement.

                  HORMISDATE.

      L'amour perd de son prix, quand on la solicite,
      Si la mienne, Madame, est de quelque merite,
      Considerez-la nüe, & ne l'interressez,
760   Que par sa pureté, qui vous paroist assez.

                     SYRA.

      Puis-je avoir confiance au zele de ton frere?

                  HORMISDATE.

      Madame, il est tout vostre, & peut tout pour vous plaire;
      Je vous responds pour luy, d'une fidelité,
      Qui le sacrifiera, pour vostre Majesté.

                     SYRA.

765   J'en demande une espreuve, & si j'en suis ingrate,
      Je veux voir sans effect, l'espoir dont je me flatte. [p. 45]

_____

Var: 744 On destruit si l'on peut ce que l'on a permis.   E

      747 Le peuple est inconstant, et le sort est trompeur.   E

      747-748 Texte de E. S donne Hormisdate, par erreur, au lieu de
           Syra.

      752 Tu me veux aujourd'huy produire des effets,   E

      753 Comme de cet espoir mon amitié me flatte,   E

      760 Que par la pureté qui vous paraist assez.   E

      766 Veux bien voir sans effect l'espoir dont je me flatte.   E

HORMISDATE.

Quelle?

SYRA, *lui donnant un poignard, & du poison.*

Que par ses mains, le Prince en sa prison,
Recevant de ma part, ce fer, & ce poison,
Choisisse, en l'un des deux, l'instrument de sa perte;

HORMISDATE.

770   Justes Dieux! quelle injure en avez-vous soufferte,
Qui porte à cet excez vostre ressentiment?

SYRA.

Ou qu'au refus, ton frere en pousse l'instrument.

HORMISDATE.

Madame, au seul penser d'un dessein si funeste,
Je crois voir dessus moy choir le courroux celeste!
775   J'en demeure interdite, & j'en fremis d'horreur!

SYRA.

Il faut bien plus de force, à servir ma fureur;
On achepte à bon prix l'Estat, dont la conqueste
Et l'affermissement ne coustent qu'une teste.   [p. 46]
J'esleveray ton frere en un si digne rang,
780   Que nul, plus prés que luy, n'approchera mon sang;
Et la part qu'il aura dedans le ministere ...

HORMISDATE.

C'est aux sujets, enfin, d'obeir & se taire.
Vous m'avez jointe à vous d'un si ferme lien,
Que pour vos interests, je n'examine rien.

[*Prenant le poignard & le poison.*]

785   Madame, de ce pas, je sers vostre colere,
Et porte ce present & vostre ordre à mon frere;

Var: 767   L'indication scénique manque dans E.

769-770   Ici E ajoute: *Elle luy monstre le poignard & le poison.*

772   Ou qu'au refus ton frere en aide l'instrument.   E

773   Madame, au seul penser d'un complot si funeste,   E

784-785   Texte de E.   Cette indication scénique manque dans S.

785-786   Je porte de ce pas, puisqu'il vous faut complaire,
          Ce funeste present & vostre ordre à mon frere;   E

Mais je crains de vous rendre un service fatal;
Et j'ose dire plus, que j'en augure mal.

Elle sort.

SYRA.

Qui croit aux loix des Dieux ne croit point aux augures,
790 Ils ont desja reglé toutes mes advantures;
J'ose tout, & me ris de ces lasches prudents,
Qui tremblent au penser de tous les accidents;
Tant de precaution aux grands projects est vaine;
Je veux purger l'Estat de l'object de ma haine;
795 Et tends à me vanger, plus qu'à ma seureté.

Sardarigue entre avec des gardes.

Vostre ordre, Sardarigue, est-il exécuté?

SCENE DEUXIESME   [p. 47]

SARDARIGUE, GARDES, SYRA.

SARDARIGUE.

Non, Madame, O regret j'en execute un autre.

SYRA.

Quel?

SARDARIGUE.

De vous arrester.

SYRA.

Quelle audace est la vostre?

Moy, temeraire?

SARDARIGUE.

Vous!

Var: 788-789 *Elle sort* manque dans E.

790 Ils ont desja marqué toutes mes adventures. E

792 Qui troublent au penser de tous les accidents; E

796 Dans E, ce vers est reporté au début de la scène II, avec
la mention: *Syra continue.*

SYRA.

De quelle part?   [p. 48]

SARDARIGUE.

du Roy.

SYRA.

800   Imposteur! Cosroës t'impose cette loy!

SARDARIGUE.

Cosroës, n'a-t-il pas deposé la couronne?

SYRA.

Qui donc? est-ce mon fils, traistre, qui te l'ordonne?

SARDARIGUE.

Vostre fils m'ordonner? en quelle qualité?

SYRA.

De ton Roy, de ton Maistre, insolent! effronté!

SARDARIGUE.

805   Syroës est mon Roy, Syroës est mon Maistre;
        La Perse souz ces noms vient de le recognoistre.

SYRA.

Dieux!   [p. 49]

SARDARIGUE.

        Et pour le venir recognoistre avec nous.
Nous avons ordre exprez, de nous saisir de vous;

SYRA.

De te saisir de moy, perfide!

_____

Var: 800   Imposteur, Cosroés impose cette loy!   E

       808   SYRA *regardant autour d'elle*.   E

SARDARIGUE.

De vous-mesme.

SYRA *regardant autour de soy.*

810   Et l'on ne punit pas cette insolence extreme?
Un traistre, un desloyal, pour ma garde commis,
Attente à ma personne, & sert mes ennemis!
Avec tout mon credit, & toute ma puissance,
Je ne trouve au besoin personne à ma deffence;
815   Flatteurs, foibles amis, vile peste des Cours,
Lasches adorateurs, j'attends vostre secours;
Que devient aujourd'huy vostre foule importune?
Ne sacrifiez-vous qu'à la seule fortune?
Et pour estre à l'instant abandonné de vous,
820   Ne faut-il qu'esprouver un traict de son courroux;
Quoy, pas un vray sujet? pas une ame loyale,
Dedans Persepolis, dans la maison Royalle!   [p. 50]
Ma plainte est inutile, & mes cris superflus?
Et la Cour, dans la Cour, ne se [retreuve] plus;

SARDARIGUE.

825   Allons, vostre party ne treuvera personne;

SYRA.

Le Ciel l'embrassera, si le sort l'abandonne;
Et veille avec trop d'yeux, sur l'interest des Roys,
Pour laisser outrager, la Majesté des loix;

SARDARIGUE.

C'est en son équité, que Syroës espere;

SYRA.

830   Apres s'estre emparé du trosne de son pere!

SARDARIGUE.

Après que vostre fils veut s'emparer du sien;
Mais j'obeys, Madame, & n'examine rien.

Var: 809-810 SYRA *regardant autour d'elle.*   E

824   Texte de E.
    Et la cour, dans la cour, ne retreuvera plus; [*sic*]   S
    Et la cour dans la cour ne se trouvera plus   V

825-832   Ces vers manquent dans E.

38

SYRA.

Il faut que tout perisse, ou ma vengeance, traistre,
M'apportera ta teste, & celle de ton Maistre.   [p. 51]

SARDARIGUE.

835   Le plus foible party prendra loy du plus fort;
Mais, de vostre prison il attend le rapport,
Madame, & vous voyez qu'à mon bras qui balance,
Un reste de respect, deffend la violence;
J'ay peine à vous traicter avec indignité,
840   Allons, espargnés-nous cette necessité.

SYRA.

Il n'est pas merveilleux, qu'un subject infidelle,
Escoute encor sa foy, qui tremble & qui chancelle,
Quand par un detestable & perfide attentat,
Il veut blesser, en moy, tout le corps de l'Estat;
845   Quand commis de l'Estat, sa rage se desploye,
Non contre l'accusé, mais contre qui l'employe;
Tu tiens de Syroës, l'ordre de ma prison!
Le perfide a long-temps couvé sa trahison,
Bien seduict des esprits, bien pratiqué des traistres,
850   Et long-temps envié le pouvoir de ses maistres;
La brigue d'une ville, & de toute une Cour,
N'est pas l'effort d'un homme, & l'ouvrage d'un jour.   [p. 52]
Tels, à qui par pitié, j'ay faict laisser la teste,
Auront dessus la mienne, esmeu cette tempeste;
855   Mais si cette vapeur s'exhale en esclattant,
Si le sort peut changer, comme il est inconstant!
Les Bourreaux laisseront de cette perfidie
Une si memorable, & triste Tragedie,
Que jamais faction ne naistra sans trembler,
860   Et craindre le revers, qui pourra l'accabler.

Var: 833 Mon filz perdra le jour, ou sa vengeance traistre,   E

836 Mais, de vostre prison on attend le rapport,   E

842 Escoute encor la foy qui tremble & qui chancelle,   E

843 Quand par un insolent & perfide attentat,   E

845 Et quand commis par moy, sa rage se desploye,   E

849 Bien seduict des esprits, bien pratiqué de traistres,   E

856 Si le sort peut tourner, comme il est inconstant,   E

SARDARIGUE.

Je laisse à la fortune à disposer des choses,
Mais l'heure ...

SYRA.

        Approche, vien, traisne-moy, si tu l'ozes;
Et si le nom qu'hier, je te vis adorer,
N'a plus rien aujourd'huy, qu'il faille reverer;
865   Foulle aux pieds tout respect, traisne, & n'attend pas traistre,
Que je doive obeir aux ordres de ton maistre;
Et d'un cœur abbatu, consentir ma prison.

[(*Syroès & Palmyras entrent & l'escoutent.*)]

SCENE [TROISIESME]   [p. 53]

SYROES, GARDES, PALMYRAS, SYRA, SARDARIGUE, GARDES.

SYROES (*impérieusement.*)

Trève d'orgueil, Princesse, il n'est plus de saison;
La grandeur qui n'est plus, n'est plus considerée;
870   Reyne (quand vous l'estiés) je vous ay reverêe;
Sujette, c'est à vous, à reverer les Roys,
Et quand je vous commande, obeir à mes loix.

SYRA.

Perfide, apres ma place en mon trosne usurpée!

SYROES.

Apres ma place, au mien, justement occupée;

SYRA.

875   Voştre pere vivant! & pendant que je vis!

Var: 862 Mais l'heure approche ... SYRA: Vien, traisne-moy, si tu
          l'ozes   E

      864 N'a plus rien aujourd'huy qu'il faille venerer.   E

      867-868 Texte de E, sauf pour les noms des personnages.
                Toutes les indications scéniques sont omises dans S.
                En outre, S donne ici, par erreur, SCENE DEUXIESME.

      870-871 Reyne, quand vous l'estiez, je vous ay venerée;
                Sujette, c'est à vous à venerer les Rois,   E

40

SYROES.

Mien, quand vous pretendés y placer vostre fils,   [p. 54]

SYRA.

Si le Sceptre est un faix, que le Roy luy despose;

SYROES.

Si la loy de l'Estat autrement en dispose!

SYRA.

Le Roy n'estant point mort, vous n'avez point de droict,

SYROES.

880   Quittant le nom de Roy, c'est à moy qu'il le doit.

SYRA.

Il croit servir l'Estat par cette preference.

SYROES.

L'Estat, de l'un & l'autre, a faict la difference.

SYRA.

Appellez vous l'Estat, Pharnace & Palmyras!

SYROES.   [p. 55]

Quand on m'a voulu perdre, ils m'ont tendu les bras;

SYRA.

885   Et donné les conseils, dont ils vous empoisonnent,

SYROES.

Il ne me prend point mal, des advis qu'il[s] me donnent.

Var: 879 Le Roy n'estant pas mort, vous n'avez point de droit.   E

883 Appelez vous l'Estat, Pharnace & Sarbaras.   E

886 Texte de E. Il ne me prend point mal des advis qu'il [*sic*]
     me donnent; S

PALMYRAS.

Syre, l'ordre n'est point de tant parlementer,
Avec des criminels, qu'on prescrit d'arrester,

SYRA.

Criminels, insolent?

PALMYRAS.

Les injures, Madame,
890   Sont dans le désespoir, les armes d'une femme;
Et nous font moins de mal, que de compassion;
Sardarigue, achevés vostre commission;

SYRA à *Sardarigue*.   [p. 56]

Allons, délivre moy de ces objets funestes,
Ces horreurs de mes yeux, ces odieuses pestes,
895   N'importe où je les fuye, ils me sont plus affreux,
Que le plus noir cachot, qui m'esloignera d'eux.
Allons.

Sardarigue l'emmeine avec les Gardes.

SYROES.

Mon regne naist sous de tristes auspices,
Si je luy doibs d'abord du sang & des supplices;

PALMYRAS.

D'un trosne où l'on se veut establir seurement,
900   Le sang des ennemys est le vray fondement;
Il faut de son pouvoir d'abord monstrer des marques,
Et la pitié n'est pas la vertu des Monarques;
Du droict qu'on vous ravit, tout le camp est jaloux,
Les voix nommant son fils, tous les cœurs sont pour vous.
905   Il faut vaincre, ou perir, en ce fameux divorce,
Heritier de Cyrus, [heritez] de sa force;

Var: 888 Avec les criminels qu'on prescript d'arrester.   E

891 Et nous font plus de mal que de compassion;   E

897 C'est ici que commence la SCENE IV dans le texte de E.

906 Texte de E. Heritier de Cyrus, heritier de sa force.   S

Qui rendit ce grand Roy si craint & si puissant,
Que les fameux proscripts, de son regne naissant?
Chacque Chef des quartiers vous respond de la ville,
910   Pharnace & Vayaces traictent avec Emile;   [p. 57]
J'ay mis en liberté les prisonniers Romains,
Tout est calme au Palais, la Reine est en vos mains;
Peu de chose vous reste, & l'arrest de deux testes,
Met la vostre à couvert de toutes ces tempestes;
915   Leur perte vous conserve; & c'est à cet effort,
Qu'il vous faut esprouver, & qu'il faut estre fort;
Qu'il faut d'une vigueur masle, & plus que commune,
Aider les changemens qu'entreprend la fortune;

SYROES.

J'aurois d'autres rigueurs, pour d'autres ennemis;
920   Mais je sens, quoy que Roy, que je suis encor fils.

PALMYRAS.

D'un pere, qui pour vous ne sent plus.qu'il est pere,
Qui ne recognoist plus de fils, que vostre frere,
Et pour vous en frustrer, l'admet en vos Estats,

SYROES.

La raison est pour moy, mais le sang ne l'est pas,
925   Quelle fatalité, de devoir par un crime,
Me conserver un droict, qui m'est si legitime;
Mais ces raisonnemens enfin sont superflus,
Je me plains seulement, & ne consulte plus;
Je regrette d'un pere, ou la perte, ou la fuitte,   [p. 58]
930   Mais ce regret n'en peut empescher la poursuitte;
Hors du trosne, mes jours n'ont plus de seureté,
Tout mon salut consiste en mon autorité;
Au lieu qu'avant l'affront, que ce mespris me livre,
Je vivois pour regner, il faut regner pour vivre;
935   Et je ne puis parer que le [sceptre] à la main,

Var: 907-908 Qui rendit ce grand Roy si grand & si puissant?
                Que les nobles proscrits, de son regne naissant.   E

      910   Pharnace & Sarbaras traictent avec Emile.   E

      915   Leur perte vous maintient, mais c'est à cet effort   E

      917   Qu'il faut d'une rigueur masle & plus que commune,   E

      925   Quelle severité, de devoir par un crime,   E

      935   Texte de E. Et je ne puis parer, que le sort à la main,   S

Les redoutables traits de mon sort inhumain;

[*A Palmyras.*]

Revoyez les quartiers, & soignez que la ville,
Dans ce grand changement, nous soit un seur azile;

PALMYRAS.

Vous armant de vertu, tout succedera bien;

SYROES.

940   Asseurez-vous des Chefs, & ne negligez rien.
Cependant que je dompte un reste de foiblesse,
Qui dans mon cœur, encor, souffre quelque tendresse;

Palmyras sort.

SYROES *seul continuë.*

Que tu m'aurois, ô sort! dans un rang plus obscur,
Fait gouster un repos bien plus calme, & plus pur;
945   Les points des brillants, qui parent les couronnes,
Figurent bien, cruel, les soins que tu nous donne[s]
Et ce vain ornement marque bien la rigueur,
[Des]poignantes douleurs, qui nous percent le cœur;   [p. 59]
Celle qu'on veut m'oster à peine est sur la teste,
950   Mais Dieux, à quel combat faut-il que je m'appreste?

Var: 936-937 Texte de E. Cette indication scénique manque dans S.

941 Pendant que je combats un reste de foiblesse, E

942-943 Le mot *continuë* manque dans E.

946 Texte de E. Figurent bien, cruel, les soins que tu nous
donnent [*sic*] S

948 Texte de E. De poignantes douleurs qui nous percent le
cœur; S

950-951 E ajoute: *Voyant Narsée.*

SCENE [QUATRIESME]

NARSEE, SYROES, GARDES.

NARSEE.

Aprenez-moy, Seigneur, le nom que je vous doy!
Parlay-je à mon amant, ou parlay-je à mon Roy?
Et voyant vostre gloire, au poinct où je souhaitte,
Suis-je vostre maistresse, ou bien vostre sujette?
955 Quels devoirs vous rendray-je, en cet estat pompeux?
Vous dois-je mon hommage, ou vous dois-je mes vœux?
Apprenez-moy mon sort, & par nos differences,
Reglant nos qualitez, reglez mes déferences;

SYROES.

Vostre sort est le mien, nostre amour l'a reglé.
960 Et le bandeau Royal ne l'a point aveuglé;
Vos loix font mes destins, & ce cœur ne respire,
Qu'une sujettion, plus chere qu'un Empire,
J'estime également ma couronne & vos fers,   [p. 60]
Je regne, ma Princesse, & regnant je vous sers.
965 L'Estat me fait son Roy, l'amour vous fait ma Reine,
Je suis son souverain, & vous ma souveraine;
Et mon pouvoir, accreu [par] le tiltre de Roy,
N'altere point celuy que vous avez sur moy.
Voila nos qualitez;

NARSEE.

Quelle aveugle colere,
970 Vous fait donc oublier que la Reine est ma mere?

SYROES.

La colere, Princesse, ou plustost la raison,
Qui me fait de mon pere, ordonner la prison.
Quelque rang, où la Perse aujourd'huy nous contemple,
Nous ne pouvons regner, sans ce fameux exemple;
975 Nous ne pouvons sans luy, joüyr de nostre amour;

Var: 950-951 Ici S donne, par erreur, SCENE TROISIEME; et E, où le
              troisième acte comporte une scène de plus, SCENE V.

      953 Et voyant vostre gloire au faicte où je souhaitte, E

      961 Vos loix sont mes destins, & ce cœur ne respire   E

      967 Texte de E. Et mon pouvoir accreu, que le tiltre de Roy   S

Nous ne pouvons sans luy nous conserver le jour,
Il faut que la nature, ou la fortune cede,
L'une nous est contraire, & l'autre nous succede.
Le mal qu'on veut guerir, ne se doit point flatter,
980 Et ce sont nos bourreaux, que je fais arrester;   [p. 61]

NARSEE.

Nos bourreaux, les autheurs du jour qui nous esclaire!

SYROES.

Les autheurs de l'affront, qu'ils nous ont voulu faire;

NARSEE.

Un Empire vaut-il cette inhumanité?

SYROES.

Vaut-il nous menacer de cette indignité?
985 Et qu'un pere aveuglé destine pour victime,
A son usurpateur, son maistre legitime?
Le pouvoir tombe mal en des cœurs abbatus;
Avec le nom de [Roy], prenons-en les vertus;
Jusques dans nostre sang, exterminons le crime,
990 Mais reprimons, sur tout, le mal qui nous opprime;
Dois-je encor du respect à qui veut m'arrester?
Et luy suis-je obligé du jour qu'il veut m'oster?
Le suis-je à vostre mere, à qui je fais ombrage?
Et qui met tout credit, & tout soing en usage,
995 Pour me frustrer d'un droict que le sang m'a donné,
Et m'en ayant exclus, voir le sien couronné?   [p. 62]
Vous estes souveraine, & Syra criminelle,
Voyez, de qui des deux, vous prendrez la querelle,
D'une mere arrestée, ou d'un amant tout prest
1000 D'ouir ses ennemis prononcer son arrest;
Et sur un eschaffault envoyer une teste,
Dont vos yeux ont daigné d'avouer la conqueste.

Var: 979 Le mal qu'on veut guerir ne se veut point flatter,   E

983 Un empire faut-il cette inhumanité?   E

984 Fault-il nous menacer de cette indignité,   E

988 Texte de E. Avec le nom de Roys, prenons-en les vertus;   S

990 Mais reprenons sur tout celuy qui nous opprime;   E

46

NARSEE.

Redoutez-vous plus rien? Et vos soings providents,
N'ont-ils pas sçeu prévoir à tous les accidents,
1005 Que peut vous susciter le courroux d'une femme?
Tel peut estre nous rit qui nous trahit dans l'ame;
Et cherche un mescontent, à qui prester le bras,
Pour des seditions, & des assassinats;
Sur quelque fondement, qu'elle soit appuyée,
1010 L'authorité naissante est tousjours enviée.
Et souvent à leur foy, les peuples renonçants,
Aiment ceux affligez, qu'ils ont haïs puissants;

NARSEE.

Une Reine en des fers, n'est donc pas affligée?

SYROES.

Elle n'est pas en lieu d'en estre soulagée,   [p. 63]
1015 Et de mettre en usage un reste de pouvoir,
Qui pourroit pratiquer leur servile devoir;

NARSEE

N'atten point de succez, ô priere importune!
Je ne suis plus maistresse, où regne la fortune;
L'amour n'a plus d'Empire, où l'interest en prend,
1020 Ne considerez rien, l'Estat vous le deffend;
Il luy fault immoler toute votre famille,
Du moins, avec la Mere, il fault perdre la fille;
[Pour toutes deux, Seigneur, il ne faut qu'un boureau,
Qu'un cachot, qu'un arrest, qu'un juge, & qu'un tombeau.
1025 J'ay naissant de ses mains pris toutes les semences,
J'ay merité du ciel mesmes inclemences;]

Var: 1005 Que vous peut susciter le credit d'une femme.   E

      1007 Et n'attend qu'un plaintif à qui prester le bras,   E

      1009 Sur quelques fondemens qu'elle soit appuyée,   E

      1013 Une Reine dans les fers n'est donc pas affligée?   E

      1014 Elle n'est pas en lieu d'en estre protégée,   E

      1017 N'attends point de succes, priere importune!   E

      1019 L'Amour n'a point d'empire où l'interest en prend;   E

      1023-1026 Texte de E. Ces vers manquent dans S.

```
        Nous ne sommes qu'un sang, & qu'un cœur separé,
        Je pourrois achever, ce qu'elle a preparé,
        D'un frere, contre vous, espouser la querelle,
1030    Dedans vostre desbris m'interresser comme elle,
        Sapper les fondements de vostre autorité,
        Et renverser le trosne, où vous estes monté.
        Si ces yeux vous ont plu, gardez que de leurs charmes
        Contre vostre pouvoir, je ne fasse des armes,
1035    Et n'en achepte l'offre, & d'un cœur & d'un bras
        Qui m'ozent immoler vos jours, & vos Estats,
        Prevenez sans esgard tout ce qui vous peut nuire,
        Adverty, destruisez ce qui vous peut destruire,        [p. 64]
        Craignez l'aveuglement d'un amour irrité,
1040    Et ne considerez que vostre seureté.
        Voudriez-vous m'obliger d'aimer mon adversaire,
        Souffrirois-je en mon lit, l'assassin de ma mère?
        Pourrois je sans horreur avec son ennemy
        Partager un pouvoir par son sang affermy?
1045    Gardes, emmenez-moy, son salut vous l'ordonne,
        Sauvez de ma fureur sa vie & sa couronne,
        Helas! [à] quoy, Nature, obligent tes respects,
        Qu'il faille à mon amant rendre mes vœux suspects!
        Et pour [en] obtenir, ou ma perte, ou ta grace,
1050    Contre ce que j'adore employer la menace?
        Par ces transports, Seigneur, jugez de mes douleurs,
        J'aurois plus obtenu, du secours de mes pleurs;
        Mais un extreme ennuy n'en est gueres prodigue.
```

SYROES.

```
        Gardes, suivez Madame, & cherchez Sardarigue,
1055    Qu'il obeysse aux loix qu'elle luy prescrira,
        Et sur tout qu'en ses mains il remette Syra;
        Allez.
```

NARSEE.

Cette faveur vous couste trop de peine.

Var: 1032 Et faire cheoir le trosne où vous estes monté.   E

1041-1043 Voudrez-vous m'obliger d'aimer mon adversaire
          De souffrir dans mon lit l'assassin de ma mère?
          Pourray-je sans horreur avec son ennemy   E

1047 Texte de E. Hélas! ô quoy, Nature, obligent tes respects, S

1049 Texte de E. Et pour obtenir, ou ma perte, ou ta grace,   S

48

SYROES.

Non, non, je m'abandonne aux fureurs de la Reyne,   [p. 65]
          Et ne regarde plus, ny le droict qui m'est dû,
1060   Ny le rang que je tiens, que comme un bien perdu;
          Je vous prefere aux Dieux, dont les bontez prosperes,
          M'ont voulu conserver le trosne de mes peres;
          Vous m'en voulés priver, il vous faut obeïr,
          Et d'un respect aveugle, avec moy vous trahir,
1065   Je n'ay qu'un seul regret, que mon amour extrêsme,
          En hazardant mes jours, se hazarde luy mesme,
          Et qu'au point du succés dont je flattois mes vœux,
          L'heur de vous posseder, me devienne douteux.

NARSEE.

          Quoy que vous hazardiez, je cours mesme advanture,
1070   Nous aurons mesme couche, ou mesme sepulture;
          De vos vœux, vif ou mort, je vous promets le prix.
          L'hymen joindra nos corps, ou la mort nos esprits.   [p. 66]
          Mais, si vous en daignés croire un amour extresme,
          Je vous responds du jour, du trosne, & de moy-mesme,
1075   J'observeray la Reyne avecques tout le soing
          Qu'exigeront les lieux, le temps & le besoing,
          Et j'oze vous promettre un bouclier invincible,
          En la garde d'un cœur surveillant, & sensible,
          Qui de vos ennemys vous parera les coups,
1080   Ou qu'il faudra percer, pour aller jusqu'à vous.

          SYROES s'en allant d'un autre costé.

          Reglés à vostre gré la fortune publique,
          Usés comme il vous plaist, d'un pouvoir tyrannique;
          Consommés-en ce cœur, sur qui vous l'exercés,
          Il le faut bien souffrir; Gardes, obeyssez.

[Fin du Troisiesme Acte.]

Var: 1070-1071 Nous aurons mesme lict, ou mesme sepulture;
                 De vos vœux, vifs ou morts, je vous promets le prix. E

      1074 Je vous responds du jour, du trosne, & de vous mesme.   E

      1080-1081 L'indication scénique manque dans E.

      1084-1085 Ces mots manquent dans S et ne figurent que dans E.

ACTE IV

SCENE PREMIERE

SYROES, ARTANASDE, [GARDES.]

SYROES, *lisant un billet.*

1085 "Ce billet est un gage, à vostre Majesté,
Qu'elle peut avec confiance,
Donner à son porteur une entière creance,
Et s'asseurer sur moy de sa fidelité.
PALMIRAS."

SYROES *continue.*

Qu'est-ce Artanasde?

ARTANASDE.

Hâ Sire! à la seule pensée
1090 De ce fatal rapport, j'ay l'ame encor' glacée;
Pour l'execution d'un complot odieux,   [p. 68]
La Reyne, sur mon bras, a pû jetter les yeux;
Vous croyant arresté, cette fiere adversaire,
M'a commis, par ma sœur, un present à vous faire,

luy monstrant le poignard & le poison.

1095 Pour vous voir immoler à son ressentiment,
Ou [sur] vostre refus, en estre l'instrument,
Ce fer, ou ce poison.

SYROES.

O détestable femme!

Var: 1084-1085 Texte de E. Le mot GARDES manque dans S.

1086 Qu'elle peut pleinement & avec confiance,   E

1088-1089 *Il continue.*   E

1094 M'a commis, par ma sœur, ce present à vous faire,   E

1094-1095 *monstrant le poignard & le poison.*   E

1096 Les deux éditions de 1649 donnent: Ou *pour* vostre refus ...
Nous avons adopté la correction de Viollet-le-Duc.

ARTANASDE.

De vos jours innocens, devoit couper la trame;

SYROES.

O Dieux!

ARTANASDE.

Et j'en ay l'ordre à dessein accepté,

1100   Craignant qu'un autre bras ne l'eust executé;
Elle a pressé ma sœur avec toute l'instance,
Qui pouvoit esbranler la plus ferme constance,
Et nous devions, pour prix de ce grand attentat
Avoir si bonne part aux employs de l'Estat,
1105   Que nous eussions pû tout, & qu'apres sa personne,
Nul n'eust tenu de rang plus prez de la Couronne;   [p. 69]
Mais ma sœur, opposant à cette ambition
La loüable terreur d'une noire àction,
(Et fremissant d'horreur d'une telle injustice)
1110   N'a que pour l'abuser, accepté cêt office;
J'ay d'une mesme horreur ce dessein detesté,
Et l'advis important à vostre Majesté,
(Dont je cognois qu'enfin la Perse doibt dépendre)
J'ay cherché Palmyras, pour venir vous l'apprendre;
1115   Mais travaillant ailleurs, il s'en est deffendu,
Par le mot de sa main, que je vous ay rendu.

SYROES.

Artanasde, croyés que ma recognoissance,
Ne cessera jamais, qu'avecques ma puissance;
Et que je sçauray mieux recognoistre un bien faict,
1120   Que Syra n'a promis de payer un forfaict;
Gardés ces instruments d'une implorable hayne,
Qui n'a plus de ressource, & que nous rendrons vaine;
Si les Dieux, ennemys de tels persecuteurs,
Des interests des Roys, sont encor protecteurs;
1125   O redoutable esprit, ô marastre cruelle!
Trop pieuse Narsée, & mere indigne d'elle!

ARTANASDE.

Non pas mere, Seigneur, & j'ay sur ce propos,   [p. 70]
Un secret, qui regarde encor vostre repos;

Var: 1098 De vos jours innocent devoient couper la trame. E

1121 Gardez ces instruments d'une implacable hayne, E

SYROES.

Quel secret, Artanasde? esclairez-m'en, de grace;

ARTANASDE.

1130 Puisque le sort de Perse a pris une autre face;
Sçachez un accident, heureux pour vostre amour,
Que plus de vingt Soleils n'ont ozé mettre au jour;
Et dont la verité fera voir que Narsée,
Au party de Syra, n'est point interessée;

SYROES.

1135 O Dieux!

ARTANASDE.

Quand d'Abdenede, encore en son matin
Une troisiesme [couche] eut tranché le destin;
Tost apres, de sa mort, la tristesse bannie,
Feist penser Cosroës au sceptre d'Armenie;
Il proposa d'armer, son dessein fut conclu,
1140 De vous dire le reste, il seroit superflu;
Il suffit qu'un hymen joignit les deux couronnes,   [p. 71]
Et que l'âge, le rang, & l'estat des personnes,
Treuverent en Syra, tant de conformité,
Que l'hymen, & la paix, ne furent qu'un traité;
1145 Suffit, qu'on sçait encor, que dans vostre famille,
La vefve de Sapor n'apporta qu'une fille,
En sa plus tendre enfance, & dont les jours naissants,
A peine avoient vu poindre, & remplir six croissants;
Et qu'enfin, nostre bonne ou mauvaise advanture,
1150 Au soucy de ma sœur, commist sa nourriture;
Mais ce cher gage, à peine en sa garde receu,
(Et voicy, du secret, ce qui n'estoit pas sçeu;)
D'une convulsion, l'atteinte inopinée,
De cette jeune fleur, trancha la destinée.
1155 Pour lors à Palmyras, le sort m'avoit donné,
Ou ma sœur m'abordant, d'un visage estonné;

Var: 1129 Quel secret Artanasde esclaircis m'en de grace.   E
           Ici Viollet-le-Duc a substitué: éclairez-moi.

      1136 Texte de E. Une troisiesme course, eut tranché le destin S

      1144 Que la paix & l'Hymen ne furent qu'un traicté;   E

      1149 Et qu'enfin nostre bonne & mauvaise advanture,   E

      1154 De cette jeune sœur trencha la destinée.   E

Hâ mon frere, en quel lieu, (me dy-t'elle avec peine,)
Me mettray-je à couvert, du courroux de la Reine?
Helas, Narsée est morte, elle vient d'expirer,
1160 Là, Palmyras entrant, & l'oyant souspirer,
N'a pas si tost appris le mal qui la possede,
Qu'à l'instant, de ce mal, il treuve le remede;
Et se voyant pour lors, une fille au berceau,
Esprouvez, nous dit-il, si son sort sera beau,
1165 Laissons faire le temps, & voyons l'advanture,   [p. 72]
D'un jeu de la fortune avecques la nature;
Narsée & Sydaris se ressembloient si fort,
Qu'outre que leur visage [avoit] bien du rapport,
La ressemblance encor, & du poil & de l'âge,
1170 Par bon-heur, répondoit à celle du visage;
Pour achever, enfin, le soing de Sydaris,
Sous le nom de Narsée à ma sœur fut commis;
Palmyras, d'autre part, sous le nom de sa fille,
Inhumant la Princesse, abusa sa famille,
1175 Et voit en ce jeune astre éclatter des appas,
Dont vingt ans ont fait croire & pleurer le trepas;

SYROES [*embrassant Artanasde.*]

O Dieux, si ce rapport n'abuse mon oreille,
Qu'ay-je à vous demander, apres cette merveille!
Le reproche estoit juste, aux bouches de la Cour,
1180 Que le sang de Syra, m'eust donné de l'amour;
Et son aversion, pour moy si naturelle,
Ne me pouvoit souffrir, d'aymer rien qui vint d'elle;
Mon cœur estoit trop bon, pour en estre surpris,
Dans mon aveuglement, il ne s'est point mespris;
1185 Il n'a rien fait de lasche, & contre ma pensée,
N'aimoit rien de Syra, quand il aimoit Narsée,
Mais sur ce seul rapport, te puis-je adjouster foy?

ARTANASDE.

Si les respects, qu'on doit aux oreilles d'un Roy;   [p. 73]
Si la sincerité d'une ame assez loyale,

Var: 1161 N'a pas si tost apris l'ennuy qui la possede,   E

1164 Esprouvons, nous dict-il, si son sort sera beau.   E

1168 Texte de E. Qu'outre que leur visage avoient [*sic*] bien du rapport.   S

1176-1177 Texte de E. L'indication scénique manque dans S.

1179-1186 Ces vers manquent dans E.

1187 Mais sur ce seul rapport, y puis-je adjouster foy?   E

1188 Si le respect qu'on doit aux oreilles d'un Roy,   E

1190 Pour avoir tant vescu, dans la maison Royale;
Si la foy de ma sœur, celle de Palmyras,
Qui d'un injuste joug, retire vos Estats;
Si m'estre desisté du party de la Reine,
Dont loing d'executer, j'ay detesté la haine;
1195 Et si ma vie, enfin, que j'oze hasarder,
Ne suffisent, Grand Prince, à vous persuader,
Sur ce debile corps, esprouvez les tortures,
Vous n'en tirerez pas des veritez plus pures;
Quinze lustres, & plus, ont deu prouver ma foy.

SYROES.

1200 Quelles graces, bons Dieux! & quel heur je vous doy,
Et toy, qui rends le calme à nostre amour flottante,
Artanasde, tes biens passeront ton attente;
Et feront envier l'esclat de ta maison;
Allons, & garde-moy ce fer, & ce poison.

SCENE DEUXIESME   [p. 74]

SARDARIGUE, SYROES, GARDES, ARTANASDE.

SARDARIGUE.

1205 Syre, vostre grandeur ne treuve plus d'obstacles;
Chaque heure, chaque instant, vous produit des miracles,
Et le traité de paix, qu'Emile a consenty,
Engage Heraclius, dedans vostre party;
Mais une autre nouvelle, & bien plus importante,
1210 Qui peut estre, Seigneur, passera vostre attente,
Est que tous les soldats, d'un mesme cœur unis,
Amenent prisonniers, Cosroës, & son fils;

SYROES.

Cosroës! Dieux! je tremble! & malgré ma colere,
A ce malheureux nom, cognois encor mon pere;
1215 Mais, pour se saisir d'eux, quel ordre a-t'on suivy?

_____

Var: 1193 Si m'estre separé du party de la Reine,   E

1198 Vous n'en tirerez pas de veritez plus pures;   E

1200 Quelles graces, grands Dieux, & quel heur je vous doy;   E

1215 Mais pour les arrester, quel ordre as tu suivy?   E

SARDARIGUE.

    Nul, que le zele ardent, dont tous vous ont servy;   [p. 75]
    A peine un bruit confus, de quelques voix forcées,
    Proclamant Mardesane, a flatté leurs pensées,
    Et les cœurs des soldats, assez mal expliquez,
1220   Que Sandoce, & Pacor, par mes soins pratiquez,
    Souslevant les deux Corps, que chacun d'eux commande,
    Voyons, (nous ont-ils dit) le Roy, qu'on nous demande;
    Mardesane, à ce mot, pasle, transi d'effroy,
    A peine encor regnant, a cessé d'estre Roy,
1225   Sandoce s'est d'abord saisi de sa personne,
    Cosroës s'est esmeu, quelque alarme se donne;
    Mais tous deux arrestez, on cesse, & sur le champ,
    Un, *Vive Syroës*, s'estend par tout le camp.
    Et tesmoignant pour vous des ardeurs infinies,
1230   Vous a, comme les voix, les volontés unies;
    Admirez quel bon-heur conduit nostre project,
    Deux Roys n'ont dans le camp, treuvé pas un sujet;
    L'allarme s'est éteinte, aussi-tost qu'allumée,
    Et vostre nom, tout seul, a meu toute l'armée;
1235   Pharnace les ameine, & tout le camp qui suit,
    Vient de ce zele ardant, vous demander le fruict;

SYROES *pleurant.*

    Que vostre faste est vain, ô grandeurs souveraines,   [p. 76]
    S'il peut si tost changer des Sceptres, en des chaisnes;

SARDARIGUE.

    Goustez mieux la faveur d'un changement si prompt,
1240   N'en soyez pas ingrat, aux Dieux, qui vous la font.

SYROES.

    Sardarigue, souffrez, que ma douleur vous marque,
    Les sentiments d'un fils, parmy ceux d'un Monarque;
    Et plaigne un pere aux fers, qui regnoit aujourd'huy;

SARDARIGUE.

    Il vous a plus produit pour l'Estat que pour luy;
1245   Considerez son crime, & non pas sa misere,
    Et pere de l'Estat, ne plaignez point un pere;

Var: 1217-1228 Ces vers manquent dans E.

1236-1237 *pleurant* manque dans E.

1241 Ne pouvez-vous souffrir que ma douleur vous marque,   E

SYROES.

[O Pere infortuné dont je prendrois la loy,
Et qui me seroit cher si tu n'estois pas Roy,
Dont j'eusse respecté la fortune privée ...

SARDARIGUE.

1250 A ce grand bruict Seigneur j'apprends leur arrivée,]
A qui laisse languir l'effect d'un grand dessein,
Le temps peut arracher les armes de la main;
Et les faire passer en celles du coupable;
Quand de le prevenir, on s'est fait incapable;
1255 Le fera-t'on entrer?

SYROES *pleurant*.   [p. 77]

Attendez, laissez-moy
Reprendre auparavant des sentimens de Roy,
Puisqu'il faut estouffer la pitié qui me reste,
Laissez-moy preparer à ce combat funeste,
Où, contre les conseils de mon ambition,
1260 Mon sang, sans l'avoüer, prend sa protection.
Puis-je sans crime, helas, lancer ce coup de foudre;
Condamné par mes pleurs, quel Dieu pourra m'absoudre?

SARDARIGUE.

Ces foiblesses, Seigneur, démentent vostre rang.

SYROES.

Pour les faire cesser, faites taire mon sang.
1265 Contre ses mouvements, ma resistance est vaine;
Tenez-les quelque temps en la chambre prochaine,
Tandis qu'à la rigueur, dont je leur doibs user,
Contre mes sentimens, je me vay disposer,
Tandis qu'à les hayr, mon ame se prepare,
1270 Et que je m'estudie à devenir barbare;
Un Tyran detestable, un maudit interest,
O pere infortuné, demande ton arrest;

Var : 1247-1250 Texte de E. Ces vers manquent dans S.

1253 Et les faire passer en celles d'un coupable. E

1255 Les fera-t'on entrer? SYROES *l'arrestant*. E

1266 Tenez-les quelques temps en la chambre prochaine, E

1272 O pere mal-heureux, demande ton arrest. E

56

J'ay son authorité vainement combattuë,   [p. 78]
Et l'or de ta couronne est le fer qui [te] tuë.
1275   [Mauditte ambition & fatale grandeur,
Que tu vends cher l'esclat de ta vaine splendeur.
Qu'un bien est un grand mal qui couste tant de peine.

(*A Sardarigue.*)

Conduisez Mardesane à la tour de la Reyne,
Et gardez que le Roy puisse rien attenter
1280   Cependant qu'un moment je me vais consulter.

(*Il s'en va avec Artanasde & des Gardes.*)]

SARDARIGUE *seul.*

Que ton droict absolu, sur tout ce que nous sommes,
Est, comme aux plus petits, fatal aux plus grands hommes.
Tout meut par ton caprice, & rien dans l'Univers,
Ne se peut dire, ô sort, exempt de tes revers.

SCENE TROISIESME

NARSEE, GARDES, SARDARIGUE.

NARSEE.

1285   Suivez-moy, Sardarigue, & delivrez la Reine:

SARDARIGUE.

Par vostre hymen futur je vous croy souveraine;
Et sans l'examiner, recevrois cette loy;
Mais, ce dessein, Madame, importe trop au Roy,
Pour ...

Palmyras entre.   [p. 79]

Var: 1274 Texte de V.
Et l'or de ta couronne, est le fer qui le tuë.   S
Et louée ta couronne & le fer qui le tue. [*sic*]   E

1275-1280 Texte de E. Ces vers manquent dans S, qui donne
seulement: *Il sort.*

1284-1285 SCENE V [*sic*] NARSEE SARDARIGUE, GARDES.   E

1287 Et sans l'examiner, recevrois vostre loy;   E

1289 *Palmyras entre* n'est pas dans E, qui donne en outre:
GARDES, au lieu de : I. GARDE.

I. GARDE.

J'en apporte l'ordre, & je viens vous l'apprendre.

SCENE QUATRIESME

PALMYRAS, NARSEE, SARDARIGUE, GARDES.

PALMYRAS.

1290   J'en apporte un contraire, & viens vous le deffendre.

NARSEE.

Me cognoissez vous, Prince?

PALMYRAS.

Oüy, Madame, & conoy,
Ce que vous me devez, & ce que je vous doy;

Sardarigue s'en va.

Mais, il n'est pas saison de m'ouvrir d'avantage;

NARSEE.

L'Estat, de vos conseils, tire un grand advantage;
1295   Le trouble qui l'agite, & que vous y semez,
Et les puissants partis, que vous avez formez,   [p. 80]
Ont fait naistre un divorce en la maison Royale,
Qui part d'un zele ardent? & d'une ame loyale!

PALMYRAS.

Ce divorce vous monte en un si haut degré,
1300   Que vous serez ingratte, ou vous m'en sçaurez gré;

Var: 1289-1290 SCENE VI [*sic*] E

1292-1293 L'indication scénique manque dans E.

1293 Mais il n'est pas besoin de m'ouvrir d'aventage. E

1298 Qui parte d'un zele ardent & d'une ame loyale [*sic*] E

58

NARSEE.

La Reyne estant aux fers, toute grandeur m'est vaine;

PALMYRAS.

L'Estat ne cognoist plus, & n'a que vous de Reyne;

NARSEE.

Vos devoirs, en effet, me le monstrent assés!

PALMYRAS.

Je vous en ay rendu plus que vous ne pensés.

NARSEE.

1305   Entre autres, ce dernier prouve fort vostre zele.

PALMYRAS. -   [p. 81]

Vous sçaurez quelque jour, si je vous suis fidele;

NARSEE.

Si l'on craint pour le Roy, je responds de ses jours;

PALMYRAS.

J'en responds, sans vos soings, & sans vostre secours.

NARSEE.

J'admire quelle ardeur son salut vous excite!

PALMYRAS.

1310   Le temps vous en fera cognoistre le merite.

NARSEE.

J'ay malgré mon courroux, du respect pour le Roy;

PALMYRAS.

Quand vous me cognoistrez, vous en aurez pour moy!

NARSEE.

Quel objet de respect, l'ennemy de ma mere!

PALMYRAS.

Vostre mere, plustost, m'a tousjours esté chere!   [p. 82]

NARSEE.

1315   Vous la faites du moins garder avec grand soing.

PALMYRAS.

Je m'expliqueray mieux, quand il sera besoing.

NARSEE.

Enfin, tout mon credit, ô deplorable Reyne,
De vos persecuteurs ne peut vaincre la haine;
Et pour toute response, aux plaintes que je perds,
1320   On dit qu'on vous cherit, quand on vous tient aux fers;
O barbare amitié, qui produit le servage,
Dont les pleurs sont un fruict, & les chaisnes un gage;

PALMYRAS.

Ny la mort de Syra, ny sa captivité,
N'importe en rien, Madame, à vostre Majesté;

NARSEE.

1325   Hâ! comment contenir la douleur qui m'emporte.   [p. 83]
La prison de Syra, ny sa mort ne m'importe!
Qui m'ose proposer cette fausse vertu,
Dans les flancs d'une femme, a-t'il esté conceu?
Ou naissant, suça-t'il au sein d'une Lyonne,
1330   Les cruels sentiments, que mon mal-heur luy donne?

PALMYRAS.

Vostre ennuy m'attendrit; ô Nature, il est temps,
Que tu mettes au jour un secret de vingt ans;
Que tu sois reverée au sang où tu dois l'estre,
Et qu'aux yeux de sa Fille, un Pere oze paroistre;
1335   Non, ma Fille, (d'abord, ce nom vous surprendra,)
Vous n'avez point de part, aux malheurs de Syra;
Et si j'obtiens de vous un peu de confiance ...

Var: 1321-1322   O barbare amitié, qui produis le servage,
                 Dont les fers sont un fruict & les chaisnes un gage.   E

    1327   Qui m'ose proposer cette haute vertu,   E

    1333   Que tu sois venerée au sang où tu dois l'estre,   E

    1335   Non, ma fille, ce mot d'abord vous surprendra,   E

    1337   Et si j'obtiens de vous assez de confiance ...   E

60

ARTANASDE, PALMYRAS, NARSEE.

ARTANASDE.

Seigneur, on vous souhaite, avec impatience;
On voit l'esprit du Roy si fort irresolu,
1340   Qu'il change à chaque instant tout ce qu'il a conclu;
Ayant veu Cosroës dedans sa frenaisie,
Une si vive alarme a son ame saisie,
Qu'en son inquietude, incertain & confus,
En moins que d'un moment, il veut, & ne veut plus;
1345   Tous vos travaux sont vains, si reduit à ce terme,
Son esprit ne reprend une assiette plus ferme;
Et l'on n'attend, Seigneur, cet effort que de vous.

PALMYRAS.

De nos testes, ô Ciel, destourne ton courroux!
Sauve un Roy trop pieux, de sa propre foiblesse,
1350   Et ceux qu'en son party sa fortune interresse;
Voyons le Roy, Madame, Artanasde, & sa sœur,   [p. 85]
Acheveront pour moy, de vous ouvrir mon cœur;

                Parlant à Narsée.

Et moins interressez, me feront mieux entendre;

Var: 1337-1338 SCENE VII [*sic*]   E

       1341 Cosroés qu'il a veu dedans sa frenesie,   E

       1343 Qu'en son inquiétude, inconstant & confus   E

       1347 Et l'on n'ose esperer cet effect que de vous.   E

       1352-1354 Toutes les indications scéniques manquent dans E.

NARSEE *s'en allant, bas.*

Dieux! quel est cet énigme, et qu'y puis-je comprendre!
1355 Quel jour puis-je tirer de tant d'obscurité!
Et quelle foy devray-je à cette verité?

[*Fin du quatriesme Acte.*]

Var: 1354 O quel est cet enigme, & que puis-je comprendre,   E

1356-1357   Ces mots manquent dans S et ne figurent que dans E.

62

ACTE V

SCENE PREMIERE

SYRA, SARDARIGUE, GARDES.

SYRA.

Moy, lasche? Moy, le craindre, au poinct de le prier,
Moy, qui porte un cœur libre, en un corps prisonnier!
Moy, de quelque terreur, avoir l'ame saisie,
1360   Apres que souz mes loix j'ay veu trembler l'Asie,
Et qu'on a veu mon sang, fertile en Potentats,
Avec tant de splendeur, regner sur tant d'Estats!
Apres le vain effort de la rage, & des armes,
Tenter pour le toucher, des souspirs, & des larmes;
1365   Que mon fils despendist, devant donner la loy,
Et qu'il vescust subject, ayant pû mourir Roy!   [p. 87]
Ma rage est avortée, & mon attente est vaine.
Mais, quoy que sans effect, j'ay tesmoigné ma haine;
Un Ministre effrayé ne l'a point attaqué,
1370   Mais j'ay tousjours armé le bras qui l'a manqué;
Et l'honneur de mourir au moins son ennemie,
De la mort, que j'attends, ostera l'infamie;
Si, pour ce qu'à mes yeux il reste de clarté,
J'avois à souhaiter un peu de liberté,
1375   Ce seroit, pour pouvoir mourir son homicide;
Et si je l'attaquois, d'un bras mol & timide,
Comme ce lasche cœur, que j'avois pratiqué,
Il se pourroit vanter, que je l'aurois manqué.
Mais ...

Syroes, Palmyras, & Pharnace entrent & l'escoutent.

Var: 1363-1366 Ces vers manquent dans E.

1367 Ma rage est avortee & mon attente vaine;   E

SCENE DEUXIESME

SYROES, PALMYRAS, PHARNACE, SYRA, SARDARIGUE, GARDES.

SYROES *assis*

Nous venons de pourvoir contre la violence,
Et de vostre furie, & de vostre insolence.
Hé bien, Madame!

[*Il se sied & Palmyras & Pharnace avec luy*]

SYRA.

Hé bien, traistre, te voila Roy? [p. 88]
La pointe de mes traicts a tourné contre moy;
Et par où j'ay voulu mettre un fils en ta place,
Je te mets en la mienne, & m'acquiers ta disgrace;
J'ay fait plus, j'ay tenté pour le coup de ta mort,
Par le bras d'un des miens, un inutile effort;
J'ay, si tu l'as oüy, souhaitté ma franchise,
Pour de ma propre main, en tenter l'entreprise;
Ne t'en estonne pas, le jour m'est à mespris,
J'ay juré de perir, ou voir régner mon fils;
Et si la liberté m'estoit encor offerte,
J'en emploirois pour luy, tout l'usage à ta perte;
Est-ce assez? les tesmoins sont icy superflus,
Mon proces est bien court; prononce là-dessus;

SYROES.

J'admire ce grand cœur, & nous devons, Madame,
Un renom memorable, à cette force d'ame;
Vous avez dans l'Estat, avec ce grand courroux,
Fait de grands changements, mais funestes pour vous.

SYRA.

Je considere peu ce qui m'en est funeste!

Var: 1379 Le mot *assis* ne figure que dans S.

1381 Texte de E. L'indication scénique manque dans S.

1386 Par les bras d'un des miens un inutile effort, E

1387 J'ay si tu l'as oüy souhaitté la franchise, E

1394 Mon proces est bien court, prononcez là dessus E

64

1400 Tout le mal qui m'en vient, est le bien qui t'en reste; [p. 89]
      Je plaindrois peu la vie, & mourrois sans effort,
      Si sujet de mon fils, tu survivois ma mort;
      Ou si de tes destins, j'avois tranché la trame;

                          SYROES.

      C'estoient de grands desseins, pour la main d'une femme;
1405 Et qui meritoient bien d'en deliberer mieux,
      Qu'avec l'ambition, qui vous silloit les yeux.
      Il faut, ou plus de force, ou plus d'heur qu'on n'estime,
      Pour exclurre d'un trosne, un Prince legitime;
      Les funestes complots, qu'on faict contre ses jours,
1410 Peuvent avoir effect, mais ne l'ont pas tousjours,
      Vous l'éprouvez, Madame, avec ce grand courage,
      Qui pour me mettre à bas, a tout mis en usage,
      Avec tout cêt effort, qu'avez-vous avancé?
      Sur qui tombe ce foudre? où l'avez-vous lancé?
1415 Sur la teste, où vos mains portoient mon Diadesme,
      Sur celle de mon pere, & sur la vostre mesme;
      Par quel aveuglement, n'avez vous pas jugé,
      Qu'ayant des Dieux au Ciel, j'en serois protégé?
      Doutez-vous, que l'object de leurs soings plus augustes,
1420 Est l'interest des Roys, dont les causes sont justes?

                          SYRA.   [p. 90]

      Ils l'ont mal tesmoigné, quittant nostre party,
      Et souffrant pour le tien, ce qu'ils ont consenty,
      Mais, qu'ils veillent, ou non, sur les choses humaines,
      Au faict dont il s'agit, ces questions sont vaines;
1425 Prononçant mon arrest, chasse-moy de ces lieux,
      Tyran, deslivre-moy de l'horreur de tes yeux;
      Chaque traict m'en punit, chaque regard m'en tüe,
      Et mon plus grand supplice, est celuy de ta veüe.

                          SYROES.

      Il vous faut affranchir d'un si cruel tourment?
1430 Princes, deslivrez-l'en par vostre jugement.

                   Il parle aux Satrapes.

Var: 1403 Ou si de ton destin j'avois tranché la trame.   E

      1407 Il faut ou plus de force ou plus d'heur qu'on estime   E

      1412 Qui pour me mettre bas, a tout mis en usage,   E

      1419 Doutiez vous, que l'object de leurs soings plus augustes,   E

      1430-1431 *Il parle à ses Conseillers.*   E

SYRA.

Delibere cruel, consulte tes Ministres,
Nos malheurs sont le fruit de leurs advis sinistres;
Ce reste de proscripts, eschappez aux bourreaux,
Ne pouvoit s'eslever, que dessus nos tombeaux;
1435   Et ne peut recouvrer, que par nostre disgrace,
Dans le gouvernement, les rangs dont on les chasse;
Ils ont grand interest, en la mort que j'attends,
Ne crains point, leurs conseils iront où tu pretends;
Hé bien perfide! & vous, lasches supposts de traistres, [p. 91]
1440   Qu'avez-vous resolu, mes Juges, & mes Maistres?

SYROES, *luy monstrant le poignard & le poison, qu'un Garde luy baille.*

On m'a de vostre part, apporté ces presents.

                           SYRA.

Hé, bien?

                           SYROES.

        Les treuvez-vous des tesmoings suffisants,
Ou s'il faut autre chose, afin de vous confondre?

                           SYRA.

Quand j'ay tout avoüé je n'ay rien à respondre;
1445   Je prends droict par moy mesme, & mon plus grand forfaict
Est, non d'avoir ozé, mais ozé sans effect;

                           SYROES.

Les instrumens du mal, le seront du suplice;
Choisissez l'un des deux, & faites-vous justice;

                           SYRA.

C'est quelque grace encor, je n'osois l'esperer;   [p. 92]
1450   Je choisy le poison, fais-le moy preparer;

Var: 1432 Nos malheurs sont un fruict des [*sic*] leurs advis sinistres;E

      1433-1434 Ce reste de proscrits eschappé aux boureaux,
                 Ne pouvoient s'eslever que dessus nos tombeaux; E

      1439 Et bien, perfide & vos lasches supposts de traistres, E

      1440-1441 (*Palmyras luy baille le poignard & le poison.*)
                 SYROES, *luy monstrant le poignard & le poison.*   E

Je l'estimeray moins un poison, qu'un remede,
Que je dois appliquer au mal qui me possede;
Le goust m'en sera doux, au deffaut de ton sang,
Dont avec volupté j'eusse espuisé ton flanc.
1455 Je prefere à la vie une mort salutaire,
Qui me va delivrer des mains d'un adversaire;
Mais joints une autre grace, au choix de mon trespas,
Tyran, fais que mon fils y precede mes pas,
Pour le voir par sa mort, exempt de l'Infamie,
1460 De recevoir des loix d'une main ennemie;
Vivant, de son credit tu craindrois les effects;

SYROES.

Vos vœux sont genereux, ils seront satisfaits;
Qu'il entre, Sardarigue, & remenez la Reine.

SYRA *sortant superbement, & en furie.*

Reine est ma qualité, quand tu sçais. qu'elle est vaine!
1465 Hier j'estois ta Marastre, & je tiens à grand bien,   [p. 93]
De mourir aujourd'huy, pour ne t'estre plus rien;

Elle sort avec Sardarigue & les gardes.

PALMYRAS.

Donnez au desespoir ces reproches frivoles;

SYROES.

Elle est femme, elle meurt, & ce sont des paroles;
Bien plus, si l'interest de mon authorité
1470 Me pouvoit espargner cette severité,
A quoy que la vengeance avec droit me convie,
Avec plaisir encor je souffrirois sa vie,
Et malgré tant d'effets de son aversion,
Prefererois sa grace, à sa punition.

Var: 1463-1464 Les mots *& en furie* manquent dans E.

1466-1467 Les mots *& les gardes* manquent dans E.

1472 Sans deplaisir encor je souffrirois sa vie,   E

PALMYRAS.

1475   Remettant l'interest, qui touche sa personne,
          Un Roy ne peut donner celuy de la couronne;
          Et s'il voit que l'Estat courre quelque danger,
          Est contraint de punir, s'il ne se veut venger;
          Sa justice est le bien de toute la Province;
1480   Ce qu'il pourroit sujet, il ne le peut pas Prince;
          Et l'indulgence, enfin, qui hazarde un Estat,
          Est le plus grand deffaut, qu'ayt un grand Potentat.

                  On amene Mardesane.   [p. 94]

                  SYROES.

          Le voicy; tout son crime est l'orgueil d'une mere,
          Et mon ressentiment soustient mal ma cholere.

                SCENE TROISESME

     SYROES, MARDESANE, SARDARIGUE, GARDES, PALMYRAS, PHARNACE.

               SYROES *continuë*.

1485   Enfin, vous avez mal observé mes advis,
          Prince! il vous seroit mieux, de les avoir suivis;
          Voyés, comme du sens l'ambition nous prive,
          Je vous ay bien predit ce qui vous en arrive,
          Et qu'il vous importoit de ne m'espargner pas,
1490   Si de ses faux brillants goustant trop les appas,
          Vous vous laissiez gaigner aux conseils d'une mere,
          Qui pour vous trop aimer, ne vous oblige guiere;
          Enfin, suis-je avec droit d'un Empire jaloux,
          Et le sceptre de Perse, est-il un faix bien doux?

               MARDESANE.   [p. 95]

1495   Pour avoir pû gouster la douceur qui s'y treuve,

Var: 1473-1476   Ces vers manquent dans E.

      1477   Un Roy qui voit l'Estat courir quelque danger   E

      1481   Et l'indulgence enfin qui hazarde l'Estat,   E

      1482-1483   L'indication scénique manque dans E.

      1484-1485   Le nom de Palmyras manque dans E.

      1485   Enfin, vous avez mal pratiqué mes advis,   E

Il en eust fallu faire une plus longue épreuve;

SYROES.

L'acceptant, vous [deviez] vous consulter un peu;
Ne vous doutiez-vous pas qu'un Sceptre estoit de feu?
Et qu'y portant la main, il vous seroit nuisible?

MARDESANE.

1500   En effect, cette espreuve en vous mesme est visible,
Quand, pour l'avoir touché, vous bruslez de couroux.

SYROES.

Mais par quel droit, encor, vous en empariés vous?

MARDESANE.

Par droit d'obeıssance, & par l'ordre d'un pere.

SYROES.

Contre un droict naturel, quel pere m'est contraire?

MARDESANE.

1505   Quel! le vostre, & le mien, qui, juge de son sang,   [p. 96]
A selon son desir disposé de son rang.

SYROES.

Il a fondé ce choix dessus vostre merite;

MARDESANE.

Je n'ay point expliqué la loy, qu'il m'a prescrite!

SYROES.

Vous executés mal la foy que vous donnés,
1510   Je vous la tiendray mieux, que vous ne la tenés.

Var: 1496   Il faut en avoir faict une plus longue espreuve.   E

       1497   Texte de E.   L'acceptant, vous devez vous consulter un peu,   S

       1509-1510   Vous executez mal la loy que vous donnez,
                    Je vous la tiendray mieux que vous me la tenez.   E

MARDESANE.

Genereux, j'aime mieux avouër une offence,
Que timide, & tremblant, parler en ma deffence;

SYROES.

Juste, j'ay plus de lieu de vous faire punir,
Que lasche, d'un affront perdre le souvenir,

MARDESANE.   [p. 97]

1515   Vous en vengeant, au moins, vous n'aurez pas la gloire,
D'avoir esté prié, d'en perdre la memoire;

SYROES.

Vous avez trop de cœur!

MARDESANE.

                    Assez pour faire voir
Une grande vertu, dans un grand desespoir;

SYROES.

Mais il se produit tard.

MARDESANE.

                    Assez-tost, pour desplaire,
1520   A qui bruslant d'orgueil, voit braver sa colere.
Si vous l'avez pu croire indigne de mon rang,
Prince, vous faite[s] injure à ceux de vostre sang;
Heureux ou malheureux, innocent ou coupable,
J'ay tous les sentimens dont vous estes capable;   [p. 98]
1525   Et, quand j'espererois flechir vostre courroux,
J'ay trop de vostre orgueil pour me soumettre à vous.
L'instant, que j'ay tenu la puissance supreme,
Et que j'ay sur ce front senti le Diadesme,
M'a donné, comme à vous, des sentimens de Roy,
1530   Qui ne se peuvent perdre, & mourront avec moy;

_____

Var: 1520 A qui bouffy d'orgueil voit braver sa colere.   E

      1522 Prince, vous avez faict injure à vostre sang.   E

Ayant pû conserver, j'eusse eu peine à vous rendre
Le sceptre que sujet, j'ay hesité de prendre;
Et Roy, j'ay recognu, que la possession,
Qui refroidit l'amour, accroist l'ambition;
1535   Vous avez eu plus d'heur, comme plus de naissance,
Et nous sommes tombés dessoubs vostre puissance;
Mais encore estourdy de ce grand accident,
Je garde, toutefois, un cœur independant,
Et pour me conserver le bien de la lumiere,
1540   A vostre vanité plaindrois une priere.

SYROES.

Hé bien Prince, la mort domptera cet orgueil!

MARDESANE.

On ne peut mieux tomber du trosne, qu'au cercueil;
L'ardeur de commander trop puissament convie,   [p. 99]
Pour me la faire perdre, en me laissant la vie;
1545   Un cœur né pour regner est capable de tout,
Je n'excepterois rien, pour en venir à bout;
Pour accomplir en moy, les desseins de ma mere,
Pour vanger ma prison, & celle de mon pere;
Je vous ay respecté, despoüillé de vos droits,
1550   Je consentois à peine à vous donner des lois:
Et peut-estre eussay-je eu la naissance assez bonne,
Pour venir à vos pieds, remettre ma couronne;
Mais apres le party que l'on nous a formé,
Et le sanglant complot que vous avez tramé,
1555   Au sensible mespris des droicts de la nature,
Je ne vous cele point, que si quelque advanture,
Remettoit aujourd'huy le sceptre entre mes mains;
Pour vous le rendre plus, tous respects seroient vains;
Et despoüillant pour vous tous sentimens de frere,
1560   Je me ferois justice, & vengerois mon pere.
Voila tout le dessein, que j'ay de vous toucher,
Et tout ce qu'à ma peur vous pouvez reprocher;
J'en laisse à decider, à vostre tyrannie;

Var: 1531–1534 Ces vers manquent dans E.

    1545–1546 Et Roy j'ay recognu que la pocession
                Qui refroidit l'amour accroist l'ambition.   E

    1547–1548 J'accomplirois en moy les desseins de ma mere,
                Je vangerois ma prise & celle de mon Pere.   E

    1552–1554 Pour venir à vos pieds remettre la couronne
                Mais apres le party que vous avez formé,
                Et le sanglant complot que l'on nous a tramé   E

SYROES.

1565 J'inclinois à laisser vostre offence impunie,
Mais vous vous opposez, avec trop de fierté,
Aux pieux mouvemens de cette impunité,   [p. 100]
Et mesnagez trop mal le soin de vostre teste;
Ostez-le, Sardarigue.

MARDESANE.

Allons, la voila preste.

SYROES.

Et pour punir d'un temps, l'orgueil desordonné
1570 Des yeux si desireux de le voir couronné,
Faites ceux de Syra tesmoings de ce spectacle.

MARDESANE, *sortant avec Sardarigue.*

Allons, regne, Tyran, regne, enfin, sans obstacle,
J'ay receu de mon Pere, avecques son pouvoir,
Celuy d'aller trouver la mort, sans desespoir;
1575 [Mais je penetre mal dans les choses futures,
Ou si j'ose augurer tes tristes adventures,
Par un proche revers, que tu ne prevois pas:
Tes plus chers confidents vengeront mon trespas.]

SCENE QUATRIESME

SYROES, PALMYRAS, PHARNACE, GARDES

PALMYRAS.

J'admire la vertu, qu'un sceptre vous apporte,
1580 Vous le meritez, Sire, avec cette ame forte: [p. 101]
Et c'est en ce grand cœur, qu'on ne mescognoist plus
L'Heritier d'Artaxerce, & le sang de Cyrus;

Var: 1571 Faictez [*sic*] ceux de Syra tesmoing de ce spectacle.   E

1571-1572 L'indication scénique manque dans E.

1575-1578 Texte de E. Ces vers manquent dans S.

1578-1579 Il n'y a pas de division de scènes ici dans E, qui
ajoute: *Sardarigue l'ameine.*

1585

Vous vaincrez tout, grand Prince, en vous vainquant vous-même;
Mais il reste une espreuve, à cette force extresme,
Et c'est icy, qu'il faut montrer tout Syroës;

A un Garde.

Garde, avec Sardarigue, amenez Cosroës.

SYROES *se leve, & le Garde sort.*

Atten, Garde.

[*Le Garde sort sans escouter le Roy.*]

PALMYRAS.

          Seigneur, il vous est d'importance
De joindre!...

SYROES.

          Hâ! c'est icy, que cede ma constance!
Qu'interdit, qu'effrayé, je ne sens plus mon rang,
1590   Et qu'en mon ennemy, j'ayme encore mon sang,
O Nature!

PALMYRAS.

Il s'agit d'une grande victoire,
Et rarement, Seigneur, on arrive à la gloire,
Par les chemins communs, & les sentiers battus.   [p. 102]

SYROES.

Hâ! j'ay trop pratiqué vos barbares vertus;
1595   Je ne puis achepter les douceurs d'un Empire,
Aux despens de l'autheur, du jour que je respire;

PHARNACE.

Ce tendre sentiment vous vient hors de propos;
Il faut de vostre Estat, asseurer le repos.

SYROES.

Je m'en demets, cruels, regnez, je l'abandonne;

Var: 1585-1586 L'indication scénique manque dans E.

      1586-1587 *SYROES se levant.* E

      1587 Texte de E. L'indication scénique manque dans S.

1600   Et ma teste, à ce prix, ne veut point de couronne;
         Mon cœur, contre mon sang, s'oze en vain revolter;
         Par force, ou par amour, il s'en fait respecter;
         A mon pere, inhumains, donnez un autre juge,
         Ou dans les bras d'un fils, souffrez-luy un refuge;
1605   O toy, dont la vertu merita son amour!
         Ma mere, helas! quel fruict en as-tu mis au jour!
         Que n'as-tu dans [ton] sein causé mes funerailles,
         Et faict mon monument, de tes propres entrailles?
         Si je dois oster l'ame, & le titre de Roy,
1610   A la chere moitié, qui vit encor de toy!
         Regnerois-je avec joye, & bourreau de mon pere,   [p. 103]
         Aurois-je ny le Ciel, ny la terre prospere?
         Pour cimenter mon Trosne, & m'affermir mon rang,
         Tarirois-je la source, où j'ay puisé mon sang?
1615   Auroit-on de la foy, pour un Prince perfide,
         Dont la premiere loy seroit un parricide!
         Non, non, je ne veux point d'un Trosne ensanglanté,
         Du sang, du mesme sang, dont je tiens la clarté;
         J'ay creu la passion, aux grands cœurs si commune;
1620   Et contre la nature, escouté la fortune;
         J'ay faict de ma tendresse, une fausse vertu;
         A l'object d'un Estat, mon lasche sang s'est teu;
         Mais au poinct qu'il luy faut sacrifier un pere,
         La [Fortune] se taist, & le sang delibere;
1625   Il me presse, il me force à prendre le party,
         Qu'il sçait estre sa source, & dont il est sorty;
         Le voicy! Dieux, je tremble! & ma voix interdite,
         En ce profond respect sur mes levres hesite:
         Mais, qu'attens-je?

Var: 1600 Et ma teste à ce prix ne veut point la couronne;   E

       1601 Mon Cœur contre son sang s'oze en vain revolter   E

       1604 Ou dans le bras d'un fils luy soufrez un refuge.   E
              Ou dans les bras d'un fils qu'on luy souffre un refuge, V

       1607 Texte de E. Que n'as tu dans mon sein causé mes
                                  funerailles, S

       1610 A la triste moitié, qui vit encor de toy.   E

       1611 Regnerois-je avec joye en bourreau de mon pere,   E

       1624 Texte de E. La nature se taist & le sang delibere;   S

       1625 Il m'invite, il me force à prendre le party   E

74

SCENE CINQUIESME   [p. 104]

COSROES, SARDARIGUE, GARDES,

SYROES, PALMYRAS, PHARNACE.

COSROES.

                 O nature! & vous Dieux ses autheurs?
1630   D'un prodige inouy, soyez les spectateurs!
       A cet horrible objet, sa nouveauté convie;
       Mon fils, dessus mon trosne, est juge de ma vie;
       Et ne le tient pas seur, si de son fondement
       Ma teste n'est la baze & mon sang le ciment.
1635   Immole donc, Tyran, mes jours à tes maximes,
       Asseure-toy l'Estat, par le plus grand des crimes;
       Laisse agir [ta] fureur avecque liberté;
       Ne donne rien au sang, rien à la piété;
             [A Palmyras & Pharnace.]
       Et vous, que mon malheur rend si fiers & si braves,
1640   Ce soir mes souverains, ce matin mes esclaves;

              SYROES à genoux.

       Seigneur daignés m'entendre, ô nature! & vous Dieux,
       Vous pouvez sans horreur, jetter icy les yeux;   [p. 105]
       L'object de vos mespris, encor vous y revere,
       Je ne suis, ny Tiran, ny Juge de mon pere;
1645   J'ay tous les sentimens, que vous m'avez prescripts,
       Et renonce à mes droits, pour estre encor son filz:
       Oüy mon Pere, & l'Estat, ny toutes ses maximes,
       Ne peuvent m'obliger à regner par des crimes;
       Pour immoler vos jours à mon ressentiment,
1650   Vous regnez sur les miens trop souverainement;
       Est-il un bras d'un fils, qu'un soupir, une larme,
       Un seul regard d'un pere, aisement ne desarme;
       Si contre vous, helas! j'escoutte mon courroux,
       Je porte dans le sein ce qui parle pour vous;
1655   Dedans moy, contre moy, vous treuvez du refuge,
       Et criminel, ou non, vous n'avez point de Juge,

Var: 1629 SCENE TROISIESME [sic] S. SCENE IV E.

      1637 Texte de E. Laisse agir la fureur avecques liberté; S

      1638-39 L'indication scénique ne figure que dans E, à la marge,
          en face du vers 1640.

      1640-1641 SYROES, luy faisant la reverence. E

      1653 Quand contre vous helas j'escoutte mon courroux, E

Paisible, possedez l'Estat, que je vous rends;
Vous pouvez seul, Seigneur, regler [nos] differends;
Arbitre entre vos fils, terminez leur dispute,
1660   En retenant pour vous, le rang qu'ils ont en butte;
Ne le deposez pas, aux, despens de mes droicts,
Entretenez en paix vostre sang souz vos loix.

[*Il le veut faire mettre en son trosne.*]

COSROES.

L'arrest de Mardesane, & celuy de la Reyne,
Me peuvent-ils souffrir une attente si vaine?   [p. 106]
1665   Traistre, joins-tu la fourbe à l'inhumanité?

SYROES.

Esprouvez ma franchise, & vostre authorité.

COSROES.

Revocque donc leur mort, & fay qu'on me les donne.

SYROES [*à Sardarigue & aux Gardes.*]

Gardes, suivez le Roy, faites ce qu'il ordonne,
Et sans prevoir l'effect qui m'en succedera ...

SARDARIGUE.

1670   Seigneur?

SYROES.

Rendez le Prince, & deslivrez Syra.
Allez.

Cosroés, Sardarigue & les Gardes sortent.

Var: 1662 Vous pouvez seul, Seigneur, regler mes differends;   S
            Regnant vous pouvez seul vuider nos differends   E

      1662 Et contenez en paix vostre sang soubs vos loix.   E

      1662-1663 Texte de E. L'indication scénique manque dans S.

      1667-1668 Texte de E. Les mots *à Sardarigue & aux Gardes*
                 manquent dans S.

      1670 PALMYRAS. Seigneur,   E

      1671 L'indication scénique manque dans E, qui donne ensuite:
            SCENE VI [*sic*]/PALMYRAS, SYROES, PHARNACE.

SCENE SIXIESME

PALMYRAS, PHARNACE, SYROES.   [p. 107]

PALMYRAS.

      Vous oubliez que Palmyras, Pharnace,
Et tout vostre conseil aillent tenir leur place,
Et se charger des fers, qu'ils leur ont faict porter;
Et ce sera beaucoup de vous en exempter;
1675   Ouy, ouy, ne croyez pas, sans peril de la vostre,
Leur conserver la vie, & hasarder la nostre;
Nous n'éviterons pas les traits de leur courroux,
Mais craignez que ces traicts n'aillent jusques à vous;
Comme ils devront le jour, moins à vostre tendresse,
1680   Qu'à vostre defiance & qu'à vostre foiblesse;
Syra, par le passé redoutant l'advenir,
Politique qu'elle est, sçaura vous prevenir;
Et donnera bon ordre à ce que la couronne
Ne peze plus au front, qui si tost l'abandonne.

SYROES.   [p. 108]

1685   Je n'ay pû mieux deffendre un cœur irresolu,
Où le sang a repris un Empire absolu;
Vous deviez imposer silence à la Nature,
Qui contre vos advis, secretement murmure;
Et me faict preferer le peril d'une mort
1690   A l'inhumanité d'un si barbare effort.
Il faut pour tant de force, une vertu trop dure;

PHARNACE.

N'augurons point, Seigneur, de sinistre advanture;
Le trosne tombera devant vostre debris,
Et tant de piété ne peut perdre son prix;
1695   Mais que nous veut Narsée.

Var: 1675-1678 Ces vers manquent dans E.

1686 Où le sang a repris un pouvoir absolu;   E

1688 Qui contre vos conseils secretement murmure,   E

1692 N'augurons point Seigneur de sinistres adventures;   E

1695 Mais que veut la Princesse. - O destin deplorable!   E

SCENE SEPTIESME

NARSEE, SYROES, PALMYRAS, PHARNACE.

NARSEE.

O destin deplorable!
O Prince genereux, autant que miserable;   [p. 109]

SYROES.

Qu'est-ce, Madame!

NARSEE.

Helas! Mardesane, Seigneur,
Perd le trosne, & le jour, mais en homme de cœur!
Et le coup glorieux dont il a rendu l'ame,
1700   Part d'une main illustre, & non pas d'une infame;
Sçachant que de sa mort on dressoit l'appareil,
Et prenant du besoing un genereux conseil,
Adroitement saisi, du fer d'un de ses Gardes,
Il se l'est dans le sein enfoncé jusqu'aux gardes;
1705   Un prompt torrent de sang est sorty de son sein;
Et l'on a plustost veu sa mort, que son dessein;

SYROES.

Cruels, voila l'effect de vos nobles maximes;

Var: 1697-1725 Ces vers ont fait l'objet, dans l'édition de La Haye,
d'un important remaniement: le passage a été abrégé
d'un tiers, et la division entre les deux dernières
scènes a été supprimée. Voici le texte:

Qu'est-ce Madame. - Helas en vain de ce grand cœur,
La presence d'un pere a fleschy la rigueur,
Quoy que le sang, Grand Roy, cesse d'estre la chesne
Qui m'avoit attaché au parti de la Reyne,
Et que le long secret, dont mon sort fut voillé,
Vienne si clairement de m'estre reveilé,
J'ay jugé toutefois ne pouvoir sans foiblesse,
Priver de mon secours cette triste Princesse;
L'esclat qui me jalit de sa condition,
Me procure l'honneur de vostre affection;
Je suis si non sa fille au moings sa creature,
Et du moings a ses soins je doibs ma nourriture;
Allant doncq à ses vœux promettre mon secours
Avant qu'un triste sort eut achevé ses jours;
Mardesane saisi du fer d'un de ses gardes,
Se l'estoit dans le sein enfoncé jusque aux [sic] gardes
Sur ce temps Cosroés r'entré dans la prison,   E

78

NARSEE.

Je rendois à Syra des devoirs legitimes;
Et quoy que le secret, dont mon sort fut voilé,
1710   Vienne si clairement de m'estre revelé;
J'ay jugé toutesfois ne pouvoir sans foiblesse,
Ne point prendre de part au mal-heur qui la presse;   [p. 110]
L'esclat qui me jallit de sa condition,
Me procura l'honneur de vostre affection;
1715   Je suis sinon sa fille, au moins sa creature,
Et du moins à ses soings, je dois ma nourriture;
Mais la voyant, en pleurs, sur le corps de son fils,
Appeller les destins, & les Dieux ennemis,
A ce triste spectacle, interdite, esplorée,
1720   Sans pouvoir dire un mot, je me suis retirée,
Et j'ay veu qu'on portoit le vase empoisonné,
Que pour son chastiment, vous avez ordonné.

SCENE DERNIERE

SARDARIGUE, SYROES, PALMYRAS, PHARNACE,

NARSEE, GARDES.

SARDARIGUE.

Hâ Sire! malgré vous, le destin de la Perse,
Vous protege, & destruit tout ce qui vous traverse;   [p. 111]

SYROES.

1725   Qu'est-ce, encor?

SARDARIGUE.

Cosroés, rentré dans la prison,
Aiant veu que la Reine y prenoit le poison,
Prompt, & trompant les soings, & les yeux de la trouppe,
Avant qu'elle eust tout pris, s'est saisi de la couppe,
Et beuvant ce qui reste, il faut, nous a-t'il dit,
1730   Voyant d'un œil troublé, Syra rendre l'esprit,
Et nager dans son sang Mardesane sans vie,
Il faut du sort de Perse assouvir la furie,
Accorder à mon Pere, un tribut qu'il attend,
Laisser à Syroés le trosne qu'il pretend,
1735   Et de tant de Tyrans, terminer la dispute;

─────────────

Var: 1732 Il faut du sort de Perse achever la furie,   E

1734 Laisser à Syroés ce trosne qu'il pretend,   E

Là, tombant, quelque Garde a soustenu sa cheutte.
Et nous ...   [p. 112]

SYROES *furieux*.

Et bien cruels, estes vous satisfaits,
Mon regne produit-il d'assez tristes effects?
La Couronne, [inhumains], à ce prix m'est trop chere,
1740   Allons, Madame, allons, suivre ou sauver un pere.

PALMYRAS *le suivant*

Ne l'abandonnons point.

SARDARIGUE.

Ses soings sont superflus,
Le poison est trop prompt, le Tyran ne vit plus.

F I N

Var: 1737   Le mot *furieux* manque dans E.

1739   Texte de E.   La Couronne, inhumaine, a ce prix m'est trop
                                                chere?   S

1740   Allons Madame allons suivre ou sauver mon Pere.   E

1740-1741   Les mots *le suivant* manquent dans E.

1741   PALMYRAS: Ne l'abandonnez point./PHARNACE: Ses soings sont
                                                superflus,   E

1742   Le poison est trop prompt, ce Tyran ne vit plus.   E

N.B.   Nous utilisons, au cours de ces notes, les abréviations
suivantes:-

Acad.   *Dictionnaire de l'Académie Françoise*, Paris, 1694, 4 vols.

Cellot   Le P. Cellot, *Chosroës*, in: *Ludovico Celotii Opera
                Poetica*, Paris, Sebastien Cramoisy, 1630, in-8, pp.
                238-318.

Commentaires   *Commentaires sur les Remarques de Vaugelas, par La Mothe
                Le Vayer, Scipion Dupleix, Ménage, Bouhours, Conrart,
                Chapelain, Patru, Thomas Corneille, Cassagne, Andry de
                Boisregard, et l'Académie Française.*   Ed. Jeanne
                Streicher, Paris, 1936, 2 vols.

Furetière   A. Furetière, *Dictionnaire universel*, La Haye et
                Rotterdam, 1690, 3 vols.

Haase   A. Haase, *Syntaxe française du XVIIe siècle*, trad. Obert,
                Paris, 1914.

Lope   Lope de Vega, *Comedia famosa de las mudanças de fortuna y
                successos de don Beltran de Aragon*, in: *Parte tercera de
                las comedias de Lope de Vega y otros autores*, Madrid,
                1613; sans pagination.

Richelet   P. Richelet, *Dictionnaire françois* ... Genève, 1680.

Vaugelas   Claude Favre de Vaugelas, *Remarques sur la langue
                françoise.*   Fac-similé de l'édition originale, pub. par
                Jeanne Streicher, Paris, Droz, 1934.

ACTEURS   Aucune des deux éditions de 1649 ne donne sur les
                personnages de *Cosroès* des explications très
                satisfaisantes, mais l'on verra sans peine que le texte de
                La Haye, que nous avons adopté ici, est supérieur à celui
                de l'édition de Paris.   Il aurait été utile, en outre,
                d'informer le lecteur que Cosroès est fils d'Hormisdas;
                que Syra est sa seconde femme; que Mardesane est général,
                et Palmyras ancien général, de l'armée perse; et
                qu'Hormisdate est la confidente de Syra.   Plusieurs
                exemplaires de l'édition Sommaville, par exemple Bibl. de
                l'Arsenal 4. BL 3684 (1), portent des annotations
                manuscrites qui vont dans ce sens.

TEXTE DE "COSROES"

vers	
1 et suiv.	Rotrou a tiré l'essentiel des deux premières scènes, y compris de nombreux vers, du *Don Beltràn de Aragon* de Lope. Ce début 'in medias res', brusque et mouvementé, est plus typique du théâtre espagnol que de la tragédie française classique; Rotrou avait déjà suivi la technique de Lope à cet égard dans *Laure persécutée*.

1-2   *cf.* Lope, acte I:

> Reyna.   Vos con Alfonso mi hijo.
> Don Pedro.   Señora menos enojos.

5   *s'il forge un fantosme* ... - Syroès semble considérer les visées de l'ambition comme des objets illusoires, et Mardesane, au début du moins, partage son point de vue: *cf.* vv. 99-101, 140-141.

6-16   *cf.* Lope, acte I:

> Reyna.   Hare yo quitar la vida ...
> Don Pedro.   Dura madrastra cruel.
> Reyna.   A quien le de pesadumbre.
> Don Pedro.   Quando no fuera mi hermano
>   basta saber, como es llano,
>   que es de vuestros ojos lumbre.
>   Yo le he tenido el respeto,
>   que me avia de tener.

16   Nicomède dira à son frère Attale: "... Vous ne savez/ Si je vous dois respect ou si vous m'en devez."
                                   (I, 2, 237-238)

17-18   *Cf.* Lope, acte I:

> Reyna.   El a vos?
> Don Pedro.   Quien a de ser
>   Con tal fin razon discreto.
>   Quien tendrà paciencia aqui.

22   *degré* - "signifie aussi, Dignité. *Comment osez-vous vous attaquer à une personne d'un si haut degré?* (Acad.) *Cf.* v. 39. Syroès défend ses droits, mais avec une retenue qui fait contraste avec l'orgueil féroce de Syra.

28   Il s'agit de la mère de Syroès. Chez Lope, également, la Reine souligne dédaigneusement le contraste entre sa naissance royale et celle, respectable mais moins éclatante, de Don Pedro.

32   Rotrou songe-t-il à la phrase de Tacite concernant Agrippine (*Annales*, XII, 42) dont Racine fera un vers

célèbre de *Britannicus* (I, 2, 156)? Il n'y a rien de tel chez Lope.

48   *ranger* - "signifie aussi, Subjuguer, imposer des loix, obliger à obéir." (Furetière)

50   c'est-à-dire: "Prenez garde de me faire rechercher les raisons de votre défiance soupçonneuse.."

51-52   c'est-à-dire: "Ce n'est pas faute d'attaquer ma réputation que vous n'avez pas encore réussi à me faire exclure de la succession."

55   *sur qui* - sur lequel. Cet emploi est encore généralisé au XVIIe siècle, malgré Vaugelas et l'Académie: voir Haase, pp. 63-64.

63-68   Le thème du Ciel protecteur de la monarchie légitime et fléau des usurpateurs apparaît dès la première scène. Il se trouve également chez Lope (voir F. Orlando, *Rotrou dalla tragicommedia* ..., p. 399), mais c'est surtout Corneille qui l'a développé, en particulier dans *Cinna* et dans *Héraclius*. Le jugement que Syroès porte ici sur Mardesane ne manque pas de perspicacité.

72-80   *Cf.* Lope, acte I:

Reyna.   Reynara Alfonso.
Don Pedro.   Esta espada
           tendra à todo el mundo en poco.
(*Empuña la espada, y entra don Beltran*).
Don Beltran. Senor que es esto, pues como
           con la Reyna mi senora
           espada ...
Don Pedro.   Hablandola a hora
           toque solamente el pomo,
Reyna.   No quiso, sino sacalla
           contra mi,
Don Pedro.   Bien sabe Dios,
           como juez de los dos,
           que solo quise tocalla.

78   Sur la fréquence de ce genre d'accusation sur la scène au XVIIe siècle, voir J. Scherer, *La Dramaturgie classique*, p. 77.

79   C'est un effet discret de 'couleur locale' que vise Rotrou en substituant au Dieu chrétien, invoqué chez Lope, le dieu solaire Mithra, juge et gardien de la vérité. (Pour une source possible chez Cellot, voir vv. 197-202, note.) Il est juste que cette invocation soit faite par Syroès, qui manifeste d'un bout à l'autre de son rôle sa haine du mensonge.

100 et suiv.   Tout ce que dit Don Beltran qui défend la Reine dans la
                pièce de Lope, c'est qu'elle est 'aveuglée' par l'amour:
                El amor ciega a la Reyna.

105   *sa furie* - c'est la folie dont Cosroès va faire la
                démonstration au début de l'acte suivant (*cf*. v. 318). Le
                mot *ennuy*, employé au sens fort qui était normal au XVIIe
                siècle, désigne également la 'mélancolie' dont le roi est
                devenu victime.

106   *soing* - souci, préoccupation. *Cf*. vv. 114, 369, 472, 481,
                509, 551.

112 et suiv.   Pour le moment, l'attitude des deux frères en face du
                problème politique majeur que pose la pièce est à peu près
                identique.

116 et suiv.   C'est d'un véritable don prophétique que Syroès fait
                preuve ici. Ce discours qui souligne l'attrait
                irrésistible du trône laisse prévoir le comportement de
                Mardesane au dernier acte, et renforce ainsi l'unité de la
                pièce.

128-142   L'intégrité et la modération sont de toute évidence les
                qualités qui caractérisent Mardesane au début de la pièce.
                Les vv. 133 à 136 proposent une solution assez
                conventionnelle au problème du héros conquérant qui
                cherche à s'élever à la royauté.

137   Aucun dictionnaire de l'époque ne donne l'expression *faire
                fonds de*, mais le sens de ce vers est manifeste:
                'Tenez-vous bien au courant de tout ce qui se trame'.

138   *Pratiquez* - Ici, comme aux vv. 352 et 1377, le verbe
                pratiquer signifie *solliciter*, *tâcher de gagner*, plutôt
                que *suborner*, *corrompre*, sens qui domine aux vv. 849 et
                1016. C'est d'ailleurs le point de vue plutôt que le sens
                qui change. Au v. 1220, ce mot demeure plus ambigu.

139   *Ouvrez-vous* - déclarez-vous. *Cf*. v. 224.

144   *dessus* - sur. Rotrou n'hésite jamais à employer *dessus* et
                dedans (*cf*. vv. 234, 732, 822, 1030, 1208) comme
                prépositions, car tel était encore l'usage pendant la
                première moitié du siècle. Mais Corneille, au cours de
                ses révisions de 1660, s'efforça de supprimer cette
                construction aussi souvent que possible. Voir Haase, pp.
                338-339, 351-353.

149   Le mot *heur* ne s'employait guère plus au XVIIe siècle - en
                attendant sa disparition - qu'avec le sens de 'chance
                heureuse, bonheur' (*cf*. vv. 1407, 1535).

151   *monument* - tombeau, d'où: mort, destruction. "Ce mot pour

dire tombeau est poëtique, ou de la prose sublime"
(Richelet).

167-168   C'est donc à cause de son ancienne opposition à Syra que
Palmyras craint, à juste titre, pour sa propre vie.
M'avoit cowé - le datif signifie ici 'à mes dépens'.
Construction assez contournée, mais dont le sens est
clair.

176   *Cf*. vv. 72, 328, 905, 1390. Cette phrase devient ainsi
un véritable leitmotif de la pièce.

176 et suiv.   On dirait que Syroès n'a rien entendu des avertissements
de Palmyras; comme d'ordinaire, il s'absorbe dans ses
souvenirs et ses émotions plutôt qu'il n'écoute les
raisonnements politiques et les conseils pratiques. Il
s'agit donc ici d'un véritable 'monologue devant le
confident', procédé répandu sur la scène à l'époque de
Rotrou et dont on trouvera des exemples encore chez Racine
(par ex. *Bajazet*, IV, 5, 1295-1314). *Cf*. plus loin, vv.
259-260.

178-182   C'est à partir d'ici qu'apparaissent les premiers emprunts
de Rotrou à Cellot. Dans le *Chosroès* de celui-ci, Syroès
s'adresse ainsi au choeur:

Victus insultat mihi!
Cyri haeres ut excludar throno?
Ut Mardesanes sceptra vivo extorqueat?
(III, 3, p. 267)

180   *furieux* - *Cf*. v. 105 et note.

193-196   *Cf*. Cellot, III, 3, p. 268:

Quae cadere meruit culpa? quod luimus scelus?
Scelus est libido Patris, et maius scelus
Odium Novercae. Nempe cum thalamos Sira
Iniit meretrix Chosrois, regno excidit
Syroës avito?

197-202   *Cf*. Cellot, III, 3, p. 271, où Siroës invoque le dieu
solaire Mithra:

Testos aethereas domos
Et te benignum gentis Arsaciae iubar,
Radiate Mithra, nulla diversum rapit
Cupido regni, Chosrois nullus timor ...

Les 'puissances suprèmes' (v. 197) sont les rois
légitimes; le 'tyran naissant' (v. 201), c'est Mardesane.

203 et suiv.   Palmyras a donc entendu le monologue de Syroès. Ce
procédé appartenait surtout à la comédie; voir par ex.
L'Avare, I, 4. Mais ici la convention est exploitée à des

fins psychologiques plutôt que théâtrales: Syroès est un rêveur. Pour l'emploi de la rhétorique dans ce discours, voir notre Introduction, p. XX.

204-206   'Aide-toi, le Ciel t'aidera', voilà le thème que vont répéter les satrapes, face à la piété par trop soumise et par trop passive de Syroès. *Cf.* vv. 700, 1239-1240, 1251-1254.

215-216   *Cf.* Cellot, III, 3, p. 273:

Satrapum cernis genus
Haec capita oportet Chosroës ferro metat:
Neque sic Tyranni veniet ad Syroën furor.

219   Hormisdas était le père dont le meurtre inspire de si affreux remords à son fils Cosroès.

229   Souvenir probable de Corneille, *Rodogune*, I, 4, 281-282:

Rodogune a paru sortant de sa prison,
Comme un soleil levant dessus notre horizon.

Pour l'idée, *cf.* plus loin, v. 695.

234   *Dedans* - Voir ci-dessus, v. 144, note.

235   Ce détail n'est guère exact, comme l'on verra aux actes II et V.

240   *devriez* - ce mot était souvent considéré comme dissyllabique dans la poésie du XVIIe siècle.

242   *qu'on ne vous le ravisse*: avant qu'on ne vous le ravisse.

246   *appas* - "Ce qu'on emploie pour gagner ou pour attraper quelqu'un" (Richelet). Il s'agit ici d'un point de ralliement pour l'opposition. La distinction moderne entre *appât* et *appas* ne s'est imposée qu'au XVIIIe siècle.

248   *Cf.* Cellot, III, 4, p. 273:

Syroës. Suades mori. Hemelius. Vel imperare.

249   *Avoués* - reconnaissez, ne désavouez pas. "Signifie aussi Reconnoître une chose pour sienne" (Acad.).

259-260   On a de nouveau l'impression que Syroès n'a guère écouté les arguments politiques que Palmyras vient de lui exposer. Il préfère s'enfermer dans un dilemme moral dont il ne sortira plus, et dont ce distique offre un résumé assez frappant.

260   *Cf.* Cellot, III, 4, p. 274: Impium suades nefas.

263   *produira t'elle* – Malgré la condamnation formelle de
        Vaugelas, qui exige (p. 11) deux traits d'union dans ces
        constructions interrogatives, l'apostrophe sera maintenue
        de façon assez arbitraire, par beaucoup d'imprimeurs,
        jusqu'à la fin du siècle. *Cf*. vv. 630, 1157, 1215,
        1328-1329, 1729.

268   *Cf*. Cellot, *loc. cit*.:

                Syroës.   Pater est.
                Razates.   Et illi genitor Hormisdas erat.

282-286 *Cf*. Cellot, III, 5, p. 277:

                Quo fata rapitis? quis furor superos tenet?
                Opus est perire, aut perdere? et crudum nefas
                In utroque regnat: Iuris eripitur vigor
                Si iustus esse pergo; si facio scelus,
                In scelere ius est: nullus ad solium est gradus
                Nisi per parentis viscera? ut vitam hauriam
                Vitae auctor obtruncandus?

289-296 Il est curieux que ces vers, qu'on peut considérer à juste
        titre comme "une indispensable préparation" au rôle
        ultérieur de Narsée (Scherer), ne figurent que dans
        l'édition de La Haye.   Préparation indispensable, et
        pourtant minimale; le caractère un peu bâclé de ce passage
        ne nous incite pas à suivre l'avis de R. J. Nelson, selon
        lequel le laconisme et la réticence de Syroès au sujet de
        son amour s'expliquent par un phénomène de répression
        (*Immanence and Trancendence. The Theater of Jean Rotrou*,
        p. 171).

304   C'est-à-dire: a évité la nécessité d'une décision très
        rapide (ce qui manifestement n'est pas le cas; Palmyras
        ironise).

324   Ce traité avec les Romains est envisagé comme la cheville
        ouvrière de la politique du 'parti' de Syroès. L'armée,
        indignée par la destitution du général Palmyras, est en
        même temps lasse d'une guerre désastreuse; ce sera une
        raison supplémentaire pour la popularité du prince
        légitime.

330   *consulte* – hésite. *Cf*. plus loin, vv. 457 et 928, et *Le
        Cid*, III, 3, 820:   Je ne consulte point pour suivre mon
        devoir.

332-333, 344 'S'abandonner' à ses 'confidents', vouloir 'partager le
        sceptre' avec eux, considérer le trône comme un 'asile',
        tout cela ne pouvait guère inspirer confiance au siècle de
        la monarchie absolue.   L'attitude de Syroès est plus
        typique de l'âge féodal: il croit avoir reçu
        l'investiture des nobles. (*Cf*. F. Orlando, *Rotrou* ..., p.

401 et plus loin, vv. 715-716).

356   'Emile' est le tribun romain Hemelius, qui figure dans le
        Chosroès de Cellot (*cf.* plus haut, v. 248, note).

365   *Cf. Hercule mourant*, IV, 2, 1035-1036:

> Quoy! le monde et l'enfer, tout est sourd à mes cris!
> O pitié trop cruelle! ô barbares esprits!

369   *soins* - *Cf.* v. 106, note.

391   Ce vers a parfois été comparé, notamment au XIXe siècle
        par Jules Jarry et Saint-René Taillandier, au cri que
        croit entendre un héros de Shakespeare tourmenté par le
        remords:

> Glamis hath murdered sleep, and therefore Cawdor
> Shall sleep no more; Macbeth shall sleep no more.

416   *l'objet* - c'est-à-dire le trône.

422   *devant que* - avant que. En 1647 Vaugelas (pp. 319-320)
        préfère *avant que* comme 'plus de la Cour et plus en
        usage'. Trente-trois ans plus tard, selon Richelet,
        devant que n'était 'plus guère en usage', ce qui avait
        déjà été l'avis de l'Académie (*Commentaires*, II, 533-535).

423-432 Toute la fin du discours de Syra est un habile mélange
        d'hypocrisie câline (424-427) et de réalisme cynique
        (428-432). On entrevoit ici les personnages futurs
        d'Arsinoé dans *Nicomède* et (sur le mode caricatural) de
        Béline dans *Le Malade imaginaire*; *cf.* la réponse de
        Cosroès, vv. 437-438, et les nouvelles protestations de
        Syra (vv. 475 et suiv.)

434   Selon Furetière, *surgeon* "se dit fréquemment en matière
        généalogique, quand il y a quelque descendant d'une maison
        illustre qui donne espérance de la faire refleurir ... Il
        vieillit". Les deux termes *surgeon* et *tige*, pris
        ensemble, font donc allusion aux ancêtres royaux de Syra,
        à la reine elle-même, et à la gloire future de Mardesane
        devenu roi.

442 et suiv. On voit avec quelle habileté Syra a exploité l'obsession
        de la culpabilité chez son mari. Cosroès est toujours
        conscient, non seulement d'avoir commis un parricide, mais
        aussi d'avoir renversé l'ordre providentiel de l'Etat.
        L'objection de Sardarigue (vv. 463 et suiv.) est fondée
        sur la même notion.

443-444 *cher-arracher* - La rime dite 'normande' se rencontre chez
        bien des auteurs dramatiques avant 1650, mais
        particulièrement chez Corneille.

458, 462, 468 Trois exemples d'une forme particulière de répétition
oratoire au cours de laquelle intervient un léger
glissement sémantique. Cette figure s'appelle *distinctio*
en termes de rhétorique (voir H. Lausberg, *Elemente der
literarischen Rhetorik*, Munich, 1949, pp. 50-51).

479 et suiv. Selon l'argumentation de Syra, un roi peut de son vivant
déléguer son pouvoir ou même abdiquer en faveur de qui lui
plaît; ce n'est qu'à la mort du même monarque que
l'héritier présomptif peut faire valoir son droit à la
succession. Mais consciente sans doute du caractère trop
intéressé de sa doctrine, Syra décide d'ajouter une autre
corde à son arc (vv. 491 et suiv.).

495 *choquer mon pouvoir* - s'attaquer à mon autorité, tâcher
de l'ébranler.

512 Le verbe *ple(i)ger*, employé au sens de 'cautionner en
justice' et, par extension, de 'garantir', allait bientôt
disparaître (voir Acad.).

516 Allusion discrète à l'unité de temps.

529 *Tenter* - signifie ici 'risquer, provoquer'.

531-532,
537-540 En attribuant à la noblesse, à l'armée et au peuple un
pouvoir d'intervention qui ne va pas toujours jusqu'à la
révolte ouverte, un dramaturge pouvait se servir de ces
forces à des fins diverses, mais surtout pour créer du
'suspens'.

534-535 Comme le fait remarquer J. Scherer, les indications de
mise en scène que donnent les deux éditions de 1649, ici
et aux vv. 542-543, 651-652, 680 et 681, sont à la fois
divergentes et incohérentes. Sans doute faut-il imaginer
qu'une partie des gardes reste en scène pour servir
d'escorte au roi Cosroès, et que les autres, plus
nombreux, suivent Sardarigue, leur capitaine, pour aller
arrêter Syroès. Ces derniers reviendront en scène après
le v. 680.

543 et suiv. La scène qui commence ici contient les emprunts textuels
les plus importants que Rotrou a faits au *Chosroès* de
Cellot.

546 C'est avec une parfaite lucidité que Mardesane va peu à
peu succomber à la tentation de la toute-puissance. *Cf.*
vv. 589 et suiv., 631-636.

547-556 *Cf.* Cellot, II, 1, p. 253:

Quanquam et senectus, et senectutis comes
Morbus, tremorque, rigida mortales vocat
In jura mortis; parte non omni tamen

Morimur sepulti, gloria extentum parat
Aeuum superstes: inde regalem thronum
Natura fulcit, et perennanti iubet
Sceptra ire ductu, seculis viuax patrem
Soboles propagat. Nate plus regno mihi
Plus chare vita ...

554 *J'ay par qui prolonger* - c'est-à-dire, J'ai quelqu'un qui me permettra de prolonger ...

564-568 *Cf.* Cellot, II, 1, p. 254:

Mardesanes. Aeternum amoris, Genitor, et fidei tuae
Mihi sum ipse pignus: quicquid accumules boni
Plus dedit origo ...

580 *Cf.* Cellot, II, 1, p. 255:

Chosroës. Quis iura natis faciat inuito patre?
Mardesanes. Jus innouabis?
Chosroës. Jus habet cui dat pater.

581 Souvenir probable de *Rodogune*, V, 1, 1511:

... Tendresse dangereuse, autant comme importune?

Là aussi, la marâtre songeait à ses propres sentiments à l'égard de son fils.

585 *Nourry* - élevé. Le mot *province* désigne ici tout l'Etat persan (*cf.* v. 1479).

600 *Demon* - esprit protecteur, divinité bienveillante.

600 et suiv. C'est une lutte éloquente que va mener la conscience de Mardesane contre la tentation de l'ambition politique. *Cf.* Cellot, II, 1, p. 256:

At te per astra, per piam Sergi manum,
Regni penates, te per et genium precor
Tuum meumque, et si quis est meritis locus,
Sirae per animum Genitor, et castam fidem
Miserere nati: pectus ô quantis rude
Nolens periclis obiicis! Regni vorat
Hostis medullam: Persidis Syroës ferox
In umbilico regnat: iratos coquunt
Supplicia Satrapas, pelle nudatus Saïn,
Perire iussus Sarbaras; mortis metu
Sathin et pudore mortuus: quis non fidem
Misero fefellit? quis nouas regni vices
Non spectat auidus?

613 C'est donc dans une conjoncture militaire presque désespérée que va s'engager la lutte décisive pour le pouvoir. Dans cette situation, selon Mardesane, c'est le

parti de Syroës qui détient la plupart des atouts (vv. 617 et suiv.)

623   Saïn (ou Chahin) était un général perse dont Rotrou avait trouvé le nom chez Cellot.

631-635   Mardesane affectionne les antithèses paradoxales presque autant que Syroës: *cf.* plus haut, vv. 272-286.

637-640   Cette 'sentence' en forme de quatrain trouve son origine chez Cellot, II, 1, p. 256:

> Chosroës.   Sceptra inexpertus times
> Usu remittunt pondus.

645-646   La source de ce distique se trouve encore chez Cellot, II, 1, p. 256:

> Quod iubeo et volo,
> Regna, et coactus.

651-652   Pour l'indication de mise en scène, voir ci-dessus, vv. 534-535, note.

652 et suiv.   La raison pour laquelle Syroès a décidé de venir se défendre devant son père n'est pas claire. Quand nous l'avons quitté à la fin du premier acte, il était décidé à passer à la révolte ouverte. Mais Syroès, qui ne sait pas encore tout, n'est guère conséquent avec lui-même, et d'ailleurs le dramaturge a besoin de son héros pour le reste de l'acte II.

671-674   Cette façon de se défendre contre l'accusation perfide de Syra met en relief l'idéalisme assez naïf de Syroès.

680-684   Ici Cosroès se montre capable non seulement de lucidité, mais d'une forme de dissimulation assez perfide. Quant à Mardesane, c'est sa passivité qui règle ici son sort.

691 et suiv.   Tout se dispose en apparence d'une façon presque miraculeuse pour assurer le triomphe de Syroès. Il lui suffira de vouloir - c'est-à-dire de vouloir les moyens indispensables pour parvenir à ses fins.

695   Pour l'idée, *cf.* plus haut, v. 229.

708   N'était le caractère abstrait et presque symbolique de ce genre de métonymie dans le style classique, l'image nous paraîtrait grotesque. *Cf.*, pour l'effet, *Le Misanthrope*, IV, 3, 1388:

> A vous prêter les mains ma tendresse consent.

717 et suiv.   La réunion du Conseil royal, annoncée au v. 519, s'est

évidemment terminée à la pleine satisfaction de Syra;
Mardesane vient d'être couronné. Mais le spectateur sait
déjà que les projets de la Reine sont en train d'échouer,
d'où l'effet ironique que produit cette scène.

718, 725   Cyrus II, le Grand, fondateur de l'Empire perse, régna de
558 à 528 avant J.-C. Artaxerce I, dit Longue-Main, le
plus célèbre des Artaxercès, régna de 465 à 424 av. J.-C.

734   *maximes* - principes politiques ou moraux. Au XVIIe
siècle, ce mot n'impliquait pas forcément l'idée d'une
formule bien frappée. Voir aussi v. 1635, note.

733 et suiv.   Ici Hormisdate est le porte-parole du peuple, à qui l'on
attribuait habituellement, dans la tragédie du XVIIe
siècle, un fervent attachement à ses rois légitimes. Mais
les tyrans et les usurpateurs ne bénéficiaient pas du même
appui: d'où l'idée exprimée au v. 747.

747 et var.   L'apparente interchangeabilité des termes suggère une
équivalence entre 'peuple' et 'sort' dont F. Orlando a
tiré (*op. cit.*, pp. 392-393) certaines conclusions. Mais
il s'agit vraisemblablement d'une simple erreur dans l'une
des deux éditions.

773-775   Il est curieux, mais utile sur le plan dramatique, que
l'entourage de Syra soit composé de personnages aussi
vertueux, alors que le 'machiavélisme' se manifeste si
abondamment chez les partisans de Syroès.

782-784   En fait, Hormisdate va prendre le parti de la
dissimulation plutôt que celui de l'obéissance aveugle.

787-792   Malgré la référence aux dieux, les propos de Syra frisent
le libertinage: sa croyance à la 'loi d'airain' du Sort
est une négation de la Providence divine. Plus tard, elle
se réfugiera dans le scepticisme (V, 2, 1421-1424). En
revanche, les 'pressentiments' des 'lâches prudents' sont
plus proches de la vraie piété.

792   *accidents* - coups du hasard.

796-809   Cette 'péripétie' est accompagnée d'un 'quiproquo' qui
peut paraître bien artificiellement prolongé, comme tant
d'autres qui ont ravi les spectateurs de l'époque. Mais
cela peut également être attribué à la cruauté de
Sardarigue, qui se venge subtilement de la Reine en jouant
avec elle comme un chat avec une souris.

810 et suiv.   Mise au pied du mur, Syra réagit avec une indignation dont
826 et suiv.   la férocité n'est ni feinte ni entièrement hypocrite. On
devine qu'au fond de sa nature se cache autant de
confiance en elle-même, autant de sincérité fanatique que
de 'machiavélisme' opportuniste.

92

811   *pour ma garde commis* – chargé, ayant mission de me garder. "On l'a *commis* pour avoir l'oeil sur ce qui se passoit" (Richelet).

815   *peste des Cours* – cette expression pouvait avoir un sens individuel ou collectif. Racine s'en sert pour décrire Narcisse: "J'ai choisi Burrhus pour opposer un honnête homme à cette peste de cour" (*Britannicus*, 2e Préface). *Cf.* v. 894.

824   Rotrou joue non seulement sur le sens propre et le sens figuré, mais aussi sur deux sens métonymiques du mot *cour*, lieu caractérisé par 1. le culte du monarque; 2. la flatterie trompeuse. *Cf.* le célèbre vers de Corneille:

        Rome n'est plus dans Rome, elle est toute où je suis.
                       (*Sertorius*, III, 1, 936)

847-852   *Cf.* vv. 794-795 et 893-896; voir notre Introduction, p. XXI.

858   La métaphore du *theatrum mundi* revient souvent, sous diverses formes, dans le théâtre de Rotrou: voir surtout F. Orlando, *op. cit* ., ch. III. *Cf. Le véritable Saint Genest*, V, 7, 1739-1742:

        Voyant la force enfin comme l'adresse vaine,
        J'ay mis la Tragédie à sa dernière Scène,
        Et fait avec sa tête ensemble séparer
        Le cher nom de son Dieu, qu'il voulait proférer.

867-868   Selon une ingénieuse hypothèse de J. Scherer, la répétition du mot *gardes*, dans la liste des personnages, ne serait pas une négligence, mais plutôt l'indication que la garde royale s'est divisée en deux sections. L'une, commandée par Sardarigue, est chargée de l'arrestation de Syra, tandis que l'autre a pour mission de protéger Syroès. Les deux sections vont se séparer à nouveau aux vv. 897 et 1280. *Cf.* ci-dessus, vv. 534-535, note.

871 et suiv.   Ce vigoureux débat s'appuie en fait, de part et d'autre, sur des bases juridiques assez faibles. Syroès est dans son tort parce que son père Cosroès, même s'il vient d'abdiquer, vit encore, et que, selon les théories constitutionnelles du XVIIe siècle, un monarque ne pouvait être dépouillé de ses prérogatives royales. C'est bien dans cette scène qu'on peut dire que Syroès 'franchit le Rubicon' entre l'innocence et la culpabilité. De son côté, Syra se livre à une tentative criminelle pour évincer l'héritier légitime, et la faiblesse de sa position est marquée au v. 881 en particulier. *Cf.* ci-dessus, v. 479, note.

877   *luy despose* – dépose en sa faveur (en celle de Mardesane).

La phrase est inachevée, ce qui arrive assez souvent dans la 'stichomythie'. Celle-ci est d'une longueur impressionnante (14 vers) quoique non pas exceptionnelle dans le théâtre du XVIIe siècle.

887-888 Même à l'heure de sa victoire apparente, Syroès est rappelé à l'ordre par un de ses lieutenants.

897-898 Le changement de scène, indiqué seulement dans l'édition de La Haye, est tout à fait justifié ici, vu l'importance du personnage de Syra qui vient de quitter la scène.

900 *Cf.* Cellot, III, 6, p. 279:
Syroës. Cruore emuntur regna.

904 *son fils*, c'est-à-dire le fils de Syra, Mardesane.

910 Vayaces ou Vasaces était un chef militaire nommé dans le *Chosroès* de Cellot. Sarbaras ou Scharbaraz, dont le nom figure dans l'édition hollandaise, avait été en réalité l'un des généraux persans les plus célèbres du règne de Cosroès II. Quant aux négociations avec les Romains, voir plus haut, v. 324, note.

915-918 Palmyras n'ignore pas quel est le seul véritable obstacle à leur triomphe définitif.

920 Le point de vue de Syroès est contraire à l'orthodoxie politique française du XVIIe siècle, selon laquelle "Un véritable roi n'est ni mari ni père" (*Nicomède*, IV, 3, 1320), mais Rotrou ne semble pas lui donner tort comme l'aurait sans doute fait Corneille.

933 *ce mépris* - la préférence accordée par Cosroès à Mardesane.

939 *vertu* signifie ici: force d'âme, volonté inébranlable.

945-948 Cette métaphore un peu 'filée' est la plus frappante de toutes celles que l'on trouve dans cette pièce au style relativement sobre et abstrait. C'est sans doute à dessein que Rotrou l'a insérée dans un des rares monologues lyriques de la pièce, d'une grande brièveté d'ailleurs.

951 et suiv. L'entrée de Narsée va influer pendant quelque temps sur le style du dialogue. Le ton de la galanterie précieuse y fait son apparition, en particulier grâce au parallèle insistant entre la souveraineté politique et la souveraineté amoureuse. Mais à mesure que le débat politique s'animera, le vocabulaire galant disparaîtra peu à peu.

969 Le premier hémistiche est une réplique à celui du v. 958.

979   *flatter* - ménager, traiter avec douceur. "On ne guérit point les grands maux en les flattant" (Acad.).

983   Vigoureux résumé du dilemme fondamental dont Syroès n'arrivera pas à sortir.

986   Le sujet du premier possessif semble être Cosroès; celui du second, Mardesane.

988 et suiv.   Syroès est parfaitement capable de juger rationnellement des nécessités qu'impose une situation donnée; mais il ne sait résister aux émotions qui lui brouillent ensuite la vue. J. Scherer a relevé la contradiction entre le v. 992 et ce que Syroès avait déjà affirmé au v. 262.

992   Réponse à la question posée par Narsée au v. 981.

998   *prendrez la querelle* - soutiendrez la cause.

1003-1005   L'argumentation de Narsée n'est pas très cohérente: elle passe assez rapidement du plan des principes moraux à celui des mesures pratiques. Bientôt, vaincue sur ce plan également, elle aura recours au chantage émotionnel.

1006-1012   La réponse un peu énigmatique de Syroès témoigne à la fois de sa sensibilité et de son pessimisme.

1016   *pratiquer* - voir v. 138, note. *leur servile devoir* - celui des peuples (voir vv. 1011-1012).

1017 et suiv. Dans ce discours assez peu convaincant, Narsée se met à 'fabriquer' toutes les émotions conventionnelles qu'exigeait l'art de la rhétorique lorsqu'on traitait le thème des 'devoirs' qu'impose la 'Nature'. On voit apparaître à tour de rôle des lieux communs oratoires tels que l'offre de mourir (1022-1026), l'unité charnelle de la mère et de la fille (1025-1028), et la menace d'épouser celui qui tuera l'amant devenu ennemi (1028-1040). Ce n'est que vers la fin (vv. 1041 et suiv.) que Narsée parviendra à émouvoir tant soit peu le spectateur en soulignant la douleur insupportable que lui cause son dilemme. Mais la véritable cause de la faiblesse de ce discours, c'est que nous ne trouvons nulle part ailleurs dans la pièce, sauf peut-être aux vv. 1708-1722, la preuve d'un réel attachement entre Syra et celle qui se croyait sa fille.

1030   *desbris* - destruction, ruine. La Fontaine écrivait du pot de terre: "... la moindre chose/De son débris serait cause" (*Fables* V, 2).

1041 et suiv. *Cf.* Corneille, *Horace*, V, 3, vv. 1615-1620:

         Quelle horreur d'embrasser un homme dont l'épée

>   De toute ma famille a la trame coupée!
>   Et quelle impiété de haïr un époux
>   Pour avoir bien servi l'Etat, les siens et vous!
>   Aimer un bras souillé du sang de tous mes frères!
>   N'aimer pas un mari qui finit nos misères!

1068   *heur* - voir v. 149, note.

1070-1072   De son côté, Narsée ne manque pas de fournir un autre lieu commun du 'parfait amour', que résument ces vers.

1085-1088   A part les 'stances' lyriques, les 'vers irréguliers' servaient aussi, dans la tragédie classique - et jusqu'à la fin du siècle - à exprimer les lettres, oracles, prophéties, etc. La variante de l'édition hollandaise, qui rétablit l'alexandrin au v. 1086, ne s'impose donc pas, d'autant plus qu'elle n'élimine pas les 'rimes embrassées'.

1090   *rapport* - Sans doute celui qui a fait croire à Syra que Syroès avait été arrêté (v. 1093).

1099-1100   Dans *Don Beltran de Aragon* également, le courtisan chargé par le prince Don Pedro d'empoisonner Don Beltran confesse:

>   Pero temiendo que a otro
>   el Principe lo diria
>   dixe, que os daria la muerte.

1121   *implorable* - impitoyable. Ce mot archaïque ne figure ni dans Nicot (1606) ni dans Cotgrave (1611); seul le grand *Dictionnaire* de Huguet en donne quelques exemples.

1130-1131   Autrement dit, sans la chute apparente de Cosroès et de Syra, Artanasde se serait gardé de révéler ce secret d'Etat.

1132   *vingt Soleils* - vingt ans. Petite touche de 'couleur locale'; *cf.* v. 1148.

1136   *Abdenede* - première femme de Cosroès et mère de Syroès.

1139   *armer* - 'S'aprêter pour faire la guerre' (Richelet). Emploi intransitif de ce verbe qui allait bientôt disparaître.

1140   Ce vers indique que le discours s'adresse au public plutôt qu'à l'interlocuteur, ce qui n'est pas compatible avec la plus stricte vraisemblance (*cf.* vv. 1141, 1145, 1149, etc.), et D'Aubignac condamne ce procédé. Mais de tels récits, à part leur utilité pour l'intelligence de l'intrigue, semblent avoir été populaires, à en juger par leur fréquence et leur longueur moyenne.

1146   La veuve de Sapor est Syra elle-même. C'est probablement
        dans une autre pièce du P. Cellot, *Sapor admonitus*, que
        Rotrou avait découvert ce nom.

1148   La fille de Syra avait donc six mois lors du remariage de
        sa mère.

1170   *Par bonheur* - Ce bonheur accompagne presque toutes les
        substitutions d'enfants, qui demeurent très populaires sur
        la scène parisienne à l'époque.

1177-1187   Confirmation par la négative de la convention, assez
            répandue dans le théâtre français de 1620 à 1650, de la
            'voix du sang'. Il s'agissait d'un instinct obscur qui
            avertissait les personnages de l'existence d'un proche
            parent dans la personne d'un inconnu. Voir Clifton
            Cherpack, *The Call of Blood in French Classical Tragedy*
            (Baltimore, 1958).

1182   *souffrir* - "Veut dire aussi, Permettre" (Acad.)

1199   Il fallait qu'Artanasde fût bien âgé pour avoir pu
        assister, déjà adulte, aux événements qu'il vient de
        raconter; ici, Rotrou lui donne plus de soixante-quinze
        ans, et son âge vénérable doit tenir lieu de la preuve
        matérielle de l'identité de Narsée, que Syroès demande en
        vain. Une telle preuve figure dans d'autres substitutions
        d'enfants chez Rotrou, et notamment dans *Laure persécutée*
        (1639) et dans *La Soeur* (1645).

1213-1215   Comme le fait remarquer J. Scherer, il est à la fois
            caractéristique et révélateur que Syroès ne semble pas
            enregistrer la première nouvelle, et qu'il ne réagit à la
            seconde que sur le plan sentimental.

1220   *Sandoce, Pacor* - Deux personnages dont Rotrou a découvert
        les noms dans le *Chosroës* de Cellot.

1231   *Admirez quel bonheur* - En effet, tout se déroule d'une
        façon absolument providentielle: Syroès n'aura même pas à
        lever le doigt pour l'emporter sur ses adversaires. Mais
        le 'pieux Syroès' ne voit dans son triomphe matériel qu'un
        désastre sur le plan des valeurs morales. L'autorité
        royale et paternelle doit selon lui demeurer inviolable.

1236   *le fruit* - c'est-à-dire une initiative décisive de Syroès,
        plutôt qu'une récompense.

1237-1238   *Cf*. Cellot, IV, 2, pp. 289-290:

        Cosmas: Chosroës ... quâ tulit
                   Potentia manu sceptra, iam vincla induit [...]
                   Nimis recente Chosroës fato docet
                   Quam vita nil sit.

Une fois de plus, Syroès se montre indifférent
à la signification politique et tactique de la
nouvelle qu'il vient d'apprendre; sa réaction
est celle d'un moraliste et d'un sentimental.

1241-1243   C'est la piété filiale qui l'emporte immédiatement chez
Syroès, quand il s'aperçoit que l'intervention de l'armée
va l'obliger soit à sacrifier son père, soit à trahir ses
alliés.

1242-1249   C'est l'opposition père-roi, si fréquente chez Rotrou, qui
domine maintenant les réflexions des deux personnages.
Pour la répétition verbale du v. 1246, voir ci-dessus, v.
458, note. Selon Sardarigue (vv. 1245-1246) le crime
contre la 'Nature' est moins grave que le crime contre
l'Etat.

1270   *s'estudier* - s'appliquer, s'efforcer. Cette alliance de
mots n'avait rien d'insolite: parmi les exemples de ce
terme que donne le *Dictionnaire de l'Académie*, on trouve:
'Il ne s'estudie qu'à faire du mal'.

1271-1277   La sensibilité filiale de Syroès se révolte à tel point
qu'il se représente la conspiration contre Cosroès et Syra
comme le produit d'un 'maudit intérêt' (v. 1272); il est
tenté de la renier tout de suite. Pour lui, la fin ne
justifie jamais les moyens (cf. 1275-1277).

1277   C'est-à-dire: "Qu'un bien qui coûte tant de peine est un
grand mal!"

1279   Malgré sa déchéance évidente, Cosroès demeure 'le Roi'aux
yeux de son fils respectueux.

1281-1284   Curieux mélange de deux conceptions de la fatalité; à côté
du destin infaillible et inexorable, on retrouve (v. 1283)
le 'caprice' du hasard.

1282-1290   Pour l'art de la construction dramatique, voir notre
Introduction, pp. XV-XVI.

1292-1293   On peut présumer que Sardarigue emmène les gardes avec
lui, car il ne sera plus question d'eux avant l'acte V.

1294 et suiv. Par ses propos ironiques, Narsée va contribuer
involontairement à l'effet de mystification et
d'ambiguïté.

1299 et suiv. A partir d'ici cependant, c'est à une véritable régression
en plein 'baroque' que nous assistons. Dans la
stichomythie de seize vers qui commence au v. 1301,
Palmyras s'adresse autant au public qu'à Narsée,
s'assurant une complicité facile avec les spectateurs

098

jeune fille ne peut pas comprendre. Sa décision de cacher
à Narsée la vérité sur sa naissance (v. 1293) est aussi
arbitraire que la révocation de cette décision (vv.
1331-1332). Mais ici Rotrou tenait à démontrer son
ingéniosité dans le maniement de l'ambiguïté et du
paradoxe plutôt que sa maîtrise de la dramaturgie
réaliste. On peut soupçonner aussi que c'est pour bien
'remplir' son quatrième acte que l'auteur a recours à ces
revirements et à ces mystifications dont la nécessité ne
s'impose guère.

1325 et suiv. C'est parce que Narsée a fini par abandonner le ton
ironique qu'elle réussit à émouvoir Palmyras. L'ironie
devient maintenant involontaire (vv. 1327-1330) car c'est
de ses propres ancêtres que parle Narsée sans le savoir.

1329   *suça-t'il* - voir p. 263, note.

1333   C'est-à-dire: que les émotions dites naturelles soient
fondées sur des liens de parenté véritables.

1345   *réduit à ce terme* - engagé dans cette impasse.

1350   *interresse* - le sens intensif que pouvait avoir ce verbe
au XVIIe siècle est bien démontré ici: c'est une affaire
de vie et de mort. Mais l'adjectif *interressez* (v. 1353)
a le même sens qu'aujourd'hui.

1354   Le mot *énigme* s'employait au masculin jusque vers le
milieu du XVIIe siècle; il apparaît encore au masculin
dans le *Sermon sur la Mort* de Bossuet (1662). Mais selon
Richelet (1680) il est 'le plus souvent féminin', et
Furetière et l'Académie donnent seul le féminin.

1369, 1377 Syra fait allusion à l'entreprise meurtrière dont elle
avait vainement chargé Artanasde. *Ministre* - 'Celui dont
on se sert pour l'exécution de quelque chose' (Acad.).

1379 et suiv. L'entrée de Syroès accompagné des deux satrapes marque le
début du procès des trois accusés, auquel sera consacrée
la majeure partie du cinquième acte. L'attitude de Syroès
en face de chacun des accusés va se modifier
progressivement, d'une façon assez curieuse.

1390   Dernière allusion au v. 72.

1395-1398   La franchise et l'intrépidité de Syra ont forcé
l'admiration de Syroès, mais les propos de celui-ci ne
sont pas exempts d'ironie. Ce qu'il reconnaît en elle,
c'est l'intensité du 'courroux' en même temps qu'une
grande 'force d'âme'.

1404   Les adversaires de Syra manifestent de temps en temps un

certain antiféminisme qui sert tantôt à excuser leur
ennemie, tantôt à la condamner plus rigoureusement. *Cf*.
vv. 163, 166, 237, 890, 1468.

1406   *silloit* - *'Ciller*, v.a.   On escrit plus ordinairement,
Siller ... Il se dit des yeux et des paupières, quand on
les ferme pour peu de temps' (Acad.). C'est comme terme
de fauconnerie que ce mot suggère l'idée d'un aveuglement
plus durable: 'Coudre les cils ou paupières d'un oiseau de
proie, afin qu'il ne voye goute, & ne se debatte point'
(Furetière).

1417-1424   L'idée de la Providence protectrice de la monarchie
légitime est un des thèmes fondamentaux de *Cosroès*, malgré
l'ambiguïté du dénouement. Même Syra n'ose pas contester
cette doctrine; elle préfère le scepticisme au blasphème.

1418   *ayant* - y ayant, puisqu'il existe des dieux.

1431-1440   Partout dans la tragédie du XVIIe siècle, il était normal
d'incriminer les ministres corrompus ou prétendus tels,
pour innocenter le monarque. Mais cette fois il ne s'agit
que de l'avis du 'traître', qui ne manque d'ailleurs pas
de perspicacité.

1444-1446   Ces vers illustrent parfaitement non seulement le
machiavélisme de Syra, mais aussi sa grandeur dans le mal.

1449   Chez les Persans de Rotrou, comme chez les anciens
Romains, la grâce réside en la possibilité laissée au
criminel condamné de se suicider plutôt que d'être
exécuté. C'est le même genre d'orgueil 'généreux' qui
commande le voeu de Syra (vv. 1457-1462).

1464-1466   La disparition de Syra s'effectue avec le maximum d'éclat,
que soulignent les indications scéniques.

1466-1467   Avec *des* gardes, plutôt qu'avec *les* gardes; Syroès ne doit
point demeurer sans protection.

1472-1482   Cette tentation de la miséricorde chez Syroès inquiète
Palmyras, qui profite de l'occasion pour convaincre le
nouveau roi (qu'il considère encore comme son pupille) que
seule la rigueur dans le châtiment peut soutenir un
monarque absolu. Mais Syroès est incapable de se
comporter en monarque absolu.

1485-1494   Dès l'entrée de Mardesane, Syroès fait ironiquement
allusion à leur dernier entretien: voir surtout vv.
143-154.

1494-1508   Les deux premières scènes de l'acte V, dont il n'y a pas
l'équivalent chez Cellot ni chez Lope, sont par conséquent
de l'invention de Rotrou; mais en ce qui concerne la

troisième scène, le dernier acte de la pièce de Cellot comporte lui aussi un entretien entre Syroès et son prisonnier Mardesanes, et dont Rotrou a imité les vers suivants (Cellot, V, 5, pp. 302-303):

Syroes.   Ignem esse nescia sceptra? contactu nocent.
Mardesanes. Sentio vel ex te, sceptra tetigisti, aestuas.
Syroes.   Quo jure tu autem?
Mardesanes.   Patris imperium dedit.
Syroes.   Quis ille vertit iura naturae pater?
Mardesanes. Tuus, meusque; sanguinis iudex sui.

Il existe également dans la pièce de Lope, *Don Beltran de Aragon*, une scène analogue entre deux frères ennemis, Don Juan et Don Alfonso, devant le roi Don Pedre. Rotrou ne semble cependant y avoir fait aucun emprunt textuel (voir Stiefel, *art. cit.*, pp. 140-141).

1502-1508   Il s'agit à nouveau de savoir lequel doit l'emporter, du droit de primogéniture ou de l'ordre d'un souverain absolu.

1509   Allusion probable aux assurances données par Mardesane au premier acte: voir vv. 97-115, 128-142, et en particulier v. 144.

1519, 1521   *il, l'* se rapportent à *coeur* (v. 1517).

1527 et suiv. Ce défi provocant de Mardesane est la réalisation d'une prophétie de Syroès (vv. 121-127) et l'écho d'une croyance répandue au XVIIe siècle concernant la transformation opérée sur l'individu par l'accession au trône. *Cf.* vv. 988, 1579, et notre Introduction, p. XXII.

1540   *plaindrois - donnerais à regret*, d'où - *refuserais*. "On dit qu'*Un homme plaint le pain à ses gens, plaint l'avoine à ses chevaux*, pour dire, qu'Il ne donne pas suffisamment de pain à ses gens, ni d'avoine à ses chevaux" (Acad.).

1549 et suiv. Nouvelle allusion aux sentiments exprimés par Mardesane au premier acte.

1560   *Je me ferois justice* - je me rendrais justice en me vengeant. L'Académie et Furetière n'en donnent qu'un seul sens: 'se punir' ou 'se condamner quand on a tort' (*cf.* v. 1458).

1561   *toucher* - atteindre, blesser, faire mal.

1575-1578   Cette prophétie de Mardesane, qui ne figure que dans l'édition hollandaise, ne se réalisera pas, mais contribue néanmoins au caractère sombre du dénouement.

1583   C'est le principe fondamental du stoïcisme, dont Corneille a fait la démonstration théâtrale définitive dans *Cinna*.

1586-1587   La fragilité de l'autorité de Syroès, dominé par les satrapes qui l'ont élevé au trône, se laisse deviner dans le comportement du garde. L'ironie involontaire du discours de Palmyras (vv. 1579-1583) devient déjà manifeste.

1608   *monument* - voir plus haut, v. 151, note.

1611-1612   Voici l'autre raison de la panique de Syroès: il craint que le caractère sacrilège du jugement qu'il doit rendre n'attire sur lui l'hostilité et la vengeance divines.

1613-1614   Ce paradoxe (*cf.* vv. 1633-1634) souligne le caractère tragique du dilemme où Syroès se voit enfermé. *Cf.* Cellot, V, 3, p. 299:

At nemo vestrum fratrem habet, nemo patrem
Ita judicandum sanguinis fontem sui.

Le même dilemme apparaîtra sous une forme plus nettement politique aux vv. 1615 et suiv.

1624   Dans l'édition Sommaville, le texte de ce vers est en contradiction avec le v. 1620.

1629   *O nature, & vous Dieux ses auteurs* - C'est grâce à des formules de ce genre que les auteurs classiques suggéraient le plus souvent le polythéisme païen sans choquer le public (*cf.* v. 1641).

1630-1631   Cosroès veut faire passer la situation présente pour un événement d'une monstruosité sans précédent, et il n'aura pas de mal à en convaincre Syroès.

1635   *maximes* - Dans le langage politique du XVIIe siècle, le terme *maximes* ou *maximes d'Etat* évoquait souvent la corruption ou la violence brutale de la politique dite 'machiavéliste' (*cf.* vv. 1647, 1707). Mais cette nuance n'était pas obligatoire: voir v. 734.

1639   *si fiers et si braves* - ce n'est pas un compliment! Le mot *fier* signifiait *cruel* aussi bien qu'*orgueilleux* (Lat. *ferus*). De même, le mot *brave* pouvait avoir un sens péjoratif venu de l'italien *bravi*, c'est-à-dire 'spadassins, coupe-jarrets'.

1645   Selon Syroès, lorsqu'il existe un conflit entre l'ordre de la 'Nature' et celui de l'Etat, c'est le premier, fondé sur la sensibilité plutôt que sur la raison, qui doit l'emporter.

1649   Comme *ennui* et *déplaisir*, le mot *ressentiment*, 'souvenir d'un bien ou d'un mal vivement ressenti', pouvait avoir un sens très intensif au XVIIe siècle.

1660   *qu'ils ont en butte* - qu'ils ont pour objet.

1661   *aux despens* a ici le sens de: *au profit* plutôt que de: *au préjudice.*

1665   *fourbe* - fourberie, tromperie. 'Les honnêtes gens sont ennemis de la fourbe' (Furetière).

1671   Comme J. Scherer le fait observer, le départ de tous les gardes à la suite de Cosroès est une preuve dramatique du fait que le pouvoir royal lui a été rendu.

1672   L'emploi du subjonctif après *oublier* était normal au XVIIe siècle: voir Haase, pp. 186-188.

1675 et suiv. Palmyras finit par porter un jugement très sévère sur Syroès, mais Pharnace est d'une indulgence surprenante (vv. 1692-1694).

1687   Vers qui indique à quel point Syroès refuse de prendre la responsabilité de ses actes.

1693   *devant vostre debris* - avant votre ruine, votre chute. Voir ci-dessus, v. 1030, note.

1706   C'est-à-dire que Mardesane était mort avant qu'on ait pu se rendre compte qu'il voulait se suicider.

1713   *jallit* - "M. Chapelain a marqué sur le verbe *jaillir* que plusieurs, et des bons auteurs, croient qu'il faut escrire ... *jallir*, et que *jaillir* est le même abus que *métail* pour *métal*. Il me semble que l'usage a décidé pour *jaillir*". (Th. Corneille, cité dans C. Thurot, *De la prononciation française*, II, 301).

1716   *ma nourriture* - mon éducation comme princesse royale.

1723-1724, Le dénouement va en effet apporter une dernière
1733   confirmation à l'idée que la Providence veille à la conservation de l'héritier légitime du trône. A ce thème est lié celui de la punition des usurpateurs, qui apparaîtra pour la dernière fois au v. 1733.

TABLE DES MATIERES

jc